Wide

Wide

Wide

Wide

正面思考的
假象

The Optimism
Bias |

A Tour of the Irrationally
Positive Brain

樂觀偏誤如何讓我們過得更好，
卻又自取滅亡？

Tali Sharot

塔莉·沙羅特——著

朱崇旻——譯

Contents 目錄

各界推薦

樂觀像把雙面刃，沒了樂觀，我們永遠不會想冒險；但過度樂觀，又會陷入偏誤，例如鬱金香狂熱、網路泡沫等過往無數個金融危機，都是因此而生。這本書以大量有趣的案例分析，深入探討人們的這項天性。唯有客觀理解，才能在後續決策中避免再次犯下偏誤。

——Min Lin，「Min的投資說書小棧」版主

這本書真是太棒了。一位擅於講故事的科學家，所寫的一本迷人、引人入勝，且易讀的作品。

——理查·塞勒（Richard H. Thaler），諾貝爾經濟學獎得主

沙羅特善用其珍貴的天賦，帶領我們踏上一段關於希望、陷阱，以及大腦騙術的難忘之旅……必讀佳作！

——大衛·伊葛門（David Eagleman），史丹佛大學神經科學家

精采絕倫、極具獨創性並充滿嶄新洞見。這本書為心理學注入一股生動活力！

——西蒙・拜倫－科恩（Simon Baron-Cohen），英國劍橋大學神經學家

作者為樂觀賦予了全新且科學的解釋，甚至帶有一絲哲學意味。我願意將本書推薦給每一個人。

——泰瑞・魏格霍恩（Terry Waghorn），KPMG企業策略及創新領導大師

讀過她的故事後，你一定更能理解我們人類都如何思考、行動——我對此可是非常樂觀！

——理察・斯坦格爾（Richard Stengel），《時代雜誌》（TIME）主編

太好看了！就算你之前深感不以為然，讀完本書也會恍然發現，自己的大腦正戴著一副玫瑰色的眼鏡——不管你喜歡還是不喜歡。

——美國國家公共電台

　　作者以睿智的筆觸及觀點，闡述為何人們總是對生活抱有樂觀想像。本書是一場迷人的旅程，一步步揭祕為何我們總是滿懷希望，無論是對於我們的未來，或是我們自身。

　　——《紐約書評》（*New York Journal of Books*）

前言
「還有半杯水」的樂觀

▊ 樂觀是天性，也是大腦最狡猾的騙術

　　我當然也很想告訴你，我對於樂觀心態的研究，是出自對人性正向思維的興趣──「一個認知神經學者，致力探尋人類樂觀魂的生物學根據」，這樣的故事不是很討喜嗎？可惜這完全是虛構，再怎麼討喜也不是事實。我當初在調查人們對於當代最大恐怖攻擊事件的回憶時，無意中發現了「樂觀偏誤」（optimism bias）現象；在當時，我對大腦黑暗面的探索較感興趣，主要想探究創傷事件是如何塑造人們的記憶。人們往往相信自己能一清二楚地記得某件感觸很深的往事──例如2001年9月11日的恐怖攻擊，錯誤地認定自己的回憶和錄影帶同樣精確。而我想探討的，就是大腦在這樣的錯誤信念背後所扮演的角色。

　　還記得當美國航空11號班機（American Airlines Flight 11）與聯合航空175號（United Flight 175）客機，突然以時速430英哩（約692公里）的高速衝撞世貿中心時，我已經在紐

約大學（New York University）進行了一年多的研究工作。震驚、困惑和恐懼，是街頭巷尾人們臉上出現的共同表情。在如此強烈的情緒烘托下，人們會產生異常鮮明的記憶，且這樣的記憶怎麼也不會淡去。由於這種記憶不僅來得迅猛且腦海裡的畫面如照片般清晰，所以這類記憶被稱為「閃光燈記憶」（flashbulb memory）。我會在本書第9章述說閃光燈記憶，介紹大腦記住這些突如其來的意外事件的方式，以及大腦的內在結構如何「修圖」，為記憶調整出鮮明的對比、提高解析度，並添加或刪除特定細節。

發現此現象時，我心中相當納悶：人腦怎麼會發展出這樣的機制？為什麼要製造極度鮮明，卻不見得精確的記憶？大約在我和同仁針對911恐怖攻擊事件記憶，發表科學調查報告的那段時期[1]，哈佛大學的研究團隊提出一個有趣的答案：最初大腦演化發展出這套神經系統，可能根本就不是為了回顧過去的事件；許多人相信這套系統是為了記憶功能而演化，但實際上，其核心功能可能是——**想像未來**[2]。

大腦成像研究顯示，人們回顧過去時使用的大腦構造，也會在思考未來時活躍起來[3]；也就是說回顧過去與思考未來都仰賴相同的大腦機制，以相似的資訊與基本程序為基礎。舉例而言，如果你想像即將前往位於加勒比海的島國巴貝多旅行，就需要大腦系統靈活地建構出前所未見的場景，而這一場景正是取材於過去記憶的點滴細節（如上次去溫暖

國家旅行的回憶、在沙灘漫步的畫面、伴侶穿上泳裝的模樣），然後再把這些細節融合成新的場景，即還沒發生的事件（你和伴侶下個月會戴上草帽，走在巴貝多的海灘上）。由於人們回顧過去與想像未來會用到相同的神經系統，回顧過去時我們並不是像播放影片那樣重溫過往事件，而是同樣重建了自己對過去的回憶，因此可能會出現不精確的情形。

　　以上的假說正確嗎？為尋求解答，我在人們想像未來事件與回顧過去事件時，記錄下他們的大腦活動，並比較兩者的大腦狀態。

▎當我們談論未來時，無法不美化

　　我的計畫相當簡單易行，然而我萬萬沒想到，當我請志願者想像未來的生活事件時，卻發生了出乎意料的狀況。即使只提供最平凡無奇的情境（如領身分證、玩桌遊），人們也往往會圍繞這個主題，衍生出曲折離奇的想像，就好像他們一再地將一面單調的灰牆，抹上明暗深淺不一的粉紅色。

　　各位也許會認為想像「自己在未來去剪頭髮」這件事時，腦海中浮現的應該會是相當平淡無趣的情境，然而事實卻不然。如果你今天就去剪頭髮，那可能真的會很無聊；但如果你在未來會去剪頭髮，卻可能是值得慶祝的一件事。我的一位研究參與者，寫下了這段話：

　　我想像自己為了把頭髮捐給愛之鎖（Locks of Love，為脫髮兒童提供假髮的非營利組織）而去理髮。我得再花好幾年的時間，才能長出這麼長的頭髮。要去理髮那天，朋友們也都陪在我身邊為我打氣慶賀。我們去了布魯克林那間我最喜歡的理髮廳，之後還去了我們最愛的那家餐館享用一頓美味午餐。

　　我又請另一位研究參與者想像自己搭乘渡輪，她的回應是：

　　我想像自己在一、兩年後，搭乘渡輪去紐約看自由女神像。那天天氣很好、風很大，我的頭髮被風吹得在空中飛揚。

　　儘管只是一、兩年後的未來，那也是個比現在更美好的世界。我和學生花費數小時一同腦力激盪，盡量提出最平淡、最不有趣，絕對不會讓參與者感到高興或認為是值得慶賀的情境。然而那些明明怎樣都不可能會是值得慶祝的情境，人們最後卻還是能想像成為一次精采美好的事件。一旦人們開始想像未來，哪怕是最平庸的生活瑣事，似乎都能戲劇性地變得美妙，讓生活顯得沒那麼平淡無奇。

　　人們給出的回應，就好像在我腦中開啟了紅色（或至少是粉紅色）警示燈，沒想到人們似乎會不由自主地產生強烈的幻想，把未來想像得光明又美好。既然所有參與者在想像

未來時，都傾向朝正面的方向去想，那這個現象背後必然存在某種神經生物學的根據。於是，我們暫且將原本的研究計畫放到一旁，試圖找出促成人類樂觀傾向的神經機制[4]。

大腦是如何讓我們滿懷希望，又會用什麼伎倆驅使我們繼續前進？在它的巧計失敗時，又會發生什麼事？樂觀者的大腦和悲觀者的大腦有什麼差異？

儘管樂觀心態對我們的身心健康十分重要，也對經濟造成重大影響，然而數十年來卻一直沒有人回答這些問題。我將在本書提出論述：人類並不是因為讀了太多勵志書才產生樂觀偏誤，也許樂觀是生存的必備技能，所以才會內建在我們身上最複雜的器官——大腦之中。

無論是當今的金融分析師、世界領導人、新婚夫婦（以上三者的案例請見第11章）、洛杉磯湖人隊隊員（請見第3章），甚至是鳥類（第2章），形形色色的人類與非人類的思想都會受到樂觀偏誤影響。樂觀心態挾持了理性思維，在缺乏證據支持的情況下引導人們往好的方向期待，令我們預期自己會看見較好的結果。

不妨閉上眼睛，想像自己5年後的生活。你的腦海中浮現了哪些情境與畫面呢？5年後的你，在事業上的表現如何？個人生活與人際關係的品質是高是低？也許每個人對「快樂」的定義不同，但還是會傾向預見自己朝成功的事業、美滿的人際關係、穩定的財務狀況與健康的身心道路邁進。我們很

少會去想像自己失業、離婚、欠債、罹患阿茲海默症或遭遇其他不幸；而令人難受的是，以上都是人生中常見的現實場景。

那麼，這些不切實際的想像、腦海中幸福美滿的未來，僅限於碰到婚姻與升遷等人生中的重大事件時才會出現嗎？還是說，這樣的樂觀幻想還會延伸到更日常、更平凡的事件上？我們會不會期望明天比昨天更好？我們會不會認為下個月值得開心的事，會多過令人感到厭煩的事？

▌ 多數人沒意識到本身的樂觀傾向

2006年夏天，我準備先在以色列的魏茨曼科學研究所（Weizmann Institute for Science）工作數月，接著再去倫敦大學學院（University College London）開始新工作。不管我天性再怎麼樂觀，我並不指望去到英國後還能享受到充足的陽光，於是我打定主意在搬去倫敦前，先盡量沐浴在陽光下。

魏茨曼研究所距離熱鬧繁華的特拉維夫市約20分鐘車程，是以色列這個國家的科學綠洲。悉心照料得漂漂亮亮的綠色植物，令人聯想到美國加州的大學校園。然而研究所本身的寧靜祥和，無法掩飾以色列外頭劍拔弩張的政治情勢。魏茨曼研究所的大多數學生都是在服完義務兵役之後才來到這裡，這樣的經歷可不會把人變成樂天派。想到這點，我不

禁好奇：該校的學生，受樂觀偏誤的影響程度是否會較低？
我招募了一些學生組成實驗組，問他們對接下來一個月的預
期。有些問題很無聊，包括：「你認為自己受困於車陣的可
能性有多高？」「你認為自己參加某活動時，遲到超過半小
時的可能性有多高？」也有一些稍微值得期待的問題，包
括：「你認為經歷令自己後悔的性愛的可能性有多高？」
「你認為經歷令自己開心的性愛的可能性有多高？」「你能
想像自己在未來一個月內燒一桌精緻的料理嗎？」「你能想
像自己在未來一個月，收到出乎意料的禮物嗎？」我對他們
提出一百道類似問題。

　　不得不說，調查結果令我十分詫異：絕大多數學生都預
期自己遇到的正面事件，會多於負面、甚至是不好不壞的事
件，兩者比例約是50％對33％。不僅如此，人們還預期正面
事件會發生得比負面或無趣的事件早——學生們一般預期接
下來幾天內會在某天晚上和伴侶約會、度過美好的一晚，即
使預期自己會和男女朋友發生爭執，他們也通常認為那會發
生在較接近月底的時候。

　　我不能排除實驗參與者度過的人生都很美好這種可能
性，於是我在一個月後請他們回來，告訴我當初預期的一百
道假想問題中，實際發生的事情有幾件。結果顯示，正面、
負面與不好不壞的日常事件發生的機率相差不大，都約為
33％。魏茨曼研究所的學生並沒有找到讓人類從此快樂幸福

的祕密，只不過是表現出再尋常不過的樂觀偏誤而已。

讀完這個案例，各位也許會產生一個疑問：樂觀心態，真的是主導大多數人的力量嗎？還是這只是年輕人特有的錯覺與妄想？這個問題很值得深究。

我想你可能會認為，隨著人們的年齡逐漸增長，勢必也會變得越來越睿智，因為增添多年的生命經驗積累後，對世界的認知想必會更加準確，也更有辦法區別滿懷希望的錯覺和真正的現實之間的差異。我們確實都會預設隨著年齡增長，應能增進人們預測未來的準確性……結果事實卻非如此。

無論是8歲孩童或80歲老人，每個人都戴著一副玫瑰色眼鏡看世界。研究顯示，小至9歲的學童，就已對自己成年後的生活抱有樂觀期待[5]；而2005年發表的一篇調查則指出，無論是年長者（60到80歲）、中年人（36到59歲）或是青年人（18到25歲），同樣會抱有「水杯半滿」的樂天態度[6]。無論在哪個年齡層、種族或社經地位之族群，樂觀心態都普遍存在[7]。

其實我們大多數人都沒意識到自己的樂觀傾向。樂觀偏誤的力量之所以如此強大，正是因為如同其他錯覺一樣，並非人們透過有意識的思考便可完全掌控。然而有研究數據也清楚地揭示，多數人會高估自身事業有成的機會；預期自家小孩會擁有過人天賦；高估自己的預期壽命（有時甚至超出

實際壽命20多年），認為本身的健康狀況能優於平均值；認為自己較同儕更為成功；大幅低估自己離婚、罹癌與失業的可能性，總覺得自己未來的生活會比父母經歷的更加美好[8]。這就是所謂的「樂觀偏誤」——即高估未來遭遇正面事件之可能性、低估未來遭遇負面事件之可能性的傾向。[9]

樂觀態度，不是緣起於美式文化

很多人相信，樂觀態度是美國人的特質，還有人認為這是因為太著迷巴拉克・歐巴馬而產生的副作用，我自己就經常遇到如此認定的人，尤其是在歐洲與中東講課時。我遇到的這些人會說：「是啊，為即將理一次髮而歡欣；幻想一趟陽光明媚的渡輪之旅；低估本身嚴重負債、罹癌或遭遇其他不幸事件的機率，確實都是樂觀偏誤的表現——但妳描述的這些情況，都只會發生在紐約人身上。」

我第一次調查人們的樂觀心態時，確實是以紐約曼哈頓居民為研究對象（在這之後我以憤世嫉俗的英國人和以色列人為研究對象，耗了不少精神）。各位若認為紐約市是致力研究樂觀心態的完美地點，那也無可厚非；我手上並沒有確切的統計數據，不過從流行文化角度也足以說服我們，紐約市似乎就是能吸引不少心懷美夢且有自信能實現夢想的人。無論是眺望自由女神像的新移民，還是豔羨第五大道蒂芙尼

櫥窗裡的珠寶的荷莉・葛萊特利（Holly Golightly）[1]，紐約市彷彿充滿了希望——那裡車水馬龍，每個人都為了出人頭地而奔波忙碌。

然而「樂觀」這個概念的源頭，卻可追溯到17世紀的歐洲。樂觀的哲學思想其實是起源於法國，而非美國。最先提出樂觀思想的人物之一是哲學家笛卡兒（Descartes），他相信人類能主宰自己的宇宙，從而享受大地的果實、維持優良的健康狀況。至於「樂觀主義」（optimism）一詞，多數人認為是德國哲學家哥特佛萊德・威廉・萊布尼茲（Gottfried Wilhelm Leibniz）所提出，他曾提出知名的論述，表示我們生活在一個「盡善盡美的世界」[10]。

對未來抱持正向的期望，可能會導引至相當悲慘的結局——血流成河的戰爭、經濟崩潰、離婚與有疏漏的計畫（請見第11章）。是啊，樂觀偏誤可能會帶來災難性的後果，但我們接下來也會發現，樂觀心態其實也是演化與適應的結果。就如人腦產生的其他錯覺（如在第1章會提到的眩暈錯覺與視錯覺），我們並不是沒來由地發展出樂觀錯覺，因為它其實是有功能的。

樂觀偏誤能保護我們，不讓我們精確地感受到埋伏在未來的痛苦與艱難，這或許也令我們不會常懷著「自己的人生

1　電影《第凡內早餐》（*Breakfast at Tiffany's*）女主角。

選擇其實很有限」的想法。在樂觀偏誤的作用下，我們的壓
力與焦慮程度會降低，身體和心理的健康水準則有所提升，
同時行動和追求成效的動力也增強了。為持續進步，我們需
要想像其他可能會出現的情況──不只是不同的情況，還必
須是更好的情況，並且相信在未來將會成真。

我認為，人腦有「將預期轉變為現實」的傾向。大腦的
構造允許樂觀信念改變我們看待世界及與世界互動的方式，
亦使樂觀的想法成了一場自我實現的預言。如果少了樂觀思
想，那麼第一艘太空船可能永遠都不會起飛；永遠不會有人
嘗試促進中東的和平；人們的再婚率也會趨近於零；而我們
的祖先可能永遠不會到離自身部落較遠的地區探索，人類或
許到現在還是住在山洞裡，蜷縮在一起企求溫暖與光明。

幸好，人類祖先並沒有如此。本書將探討人類思維中最
具欺騙性的能力──樂觀偏誤，並探究此種偏誤在什麼時候
使人類擁有適應性，又會在什麼時候出現破壞性；並提出證
據，證明適當的樂觀錯覺有助提升幸福水準。

本書將著重介紹大腦的具體構造，正是這些構造使人們
產生不切實際的樂觀想像，進而改變人類的認知與行為。為
能更深入地瞭解樂觀偏誤，我們須先探討大腦創造出虛幻現
實的機制與原因。我們需要真正地認清一個現實──其實我
們感知到的一切，並不是這世界真正的樣貌。

第 1 章

控制人腦的幻覺

到底哪個方向才是「上」?

Which Way Is Up?
Illusions of the Human Brain

2004年1月3日，埃及沙姆沙伊赫市。148名乘客與空
勤人員搭上經開羅飛往巴黎的閃光航空604號班機
（Flash Airlines Flight 604），那架波音737-300客機於凌晨4
點44分起飛，但2分鐘後竟從雷達上消失了。

　　沙姆沙伊赫市位於埃及的西奈半島南端，終年溫暖宜
人、有著美麗的海灘且非常適合浮潛與潛水，可謂觀光勝
地。604號班機大多數乘客都是法國觀光客，趁著聖誕連假到
紅海附近躲避歐洲的寒冬，一個個家庭在假期結束時搭上了
604號班機，準備回家。[1]

　　該班機的空勤人員大多是埃及人，機長卡德・阿卜杜拉
（Khadr Abdullah）是贖罪日戰爭（Yom Kippur War）[1]中的戰

1　發生於1973年10月6日至10月26日，起源為埃及與敘利亞分別攻擊6年前被以色列
　占領的西奈半島和戈蘭高地。

爭英雄，曾替埃及空軍駕駛米格-21戰鬥機（MiG-21），總飛行時數多達7444小時，不過其中只有474小時是駕駛當日那架波音737客機[2]。

若依照原定航線飛行，飛機應在起飛後上升一小段時間，接著左轉飛往開羅——然而才剛起飛不到1分鐘，飛機便急速右轉，且以危險的角度在空中飛行。該架噴射客機完全側飛，接著開始以螺旋形往紅海下墜，機長勉強在墜海前不久恢復了控制，但為時已晚，他沒辦法扭轉此時上下顛倒的飛機[3]。604號班機在起飛過後不久墜入紅海，無人倖存。

官方起初懷疑有恐怖分子在機上裝設炸彈。之所以提出這樣的假說，是因為604號班機從頭到尾都沒有回傳求救訊號。然而在朝陽上升後，人們找到該機的一塊塊殘骸，發現原本的假設錯了。飛機殘骸都是在近處被發現，且並沒有碎成太多塊[4]，可見飛機落水當下仍是一個整體，而不是在空中爆炸後四散在海上各處。既然如此，604號班機為什麼會如此急速墜毀？

想解開謎團，就必須找到飛機的黑盒子。飛機失事的海域深達1000公尺，很難偵測到黑盒子發出的訊號，且黑盒子的電池只能維持30天的電力，假如無法在30天內找到，那尋獲機率就幾乎等於零。埃及、法國與美國的搜索隊都參與此次行動，之後一艘法國搜索船幸運地在兩周後，偵測到黑盒子發出的訊號[5]。

　　黑盒子的數據記錄器與駕駛艙語音紀錄都能提供線索，引導調查人員往許多不同的方向展開調查。他們辨識出50多種可能性，再基於現有資訊一一刪去可能的情境，最後他們沒找到任何飛機故障或失常的證據[6]。符合這種狀況的情境只剩少少幾種，調查人員接著用飛機模擬器進行多種嘗試，仔細地一一檢視剩下的幾種情境，其中只有一種情境符合手邊的資訊。最終美國的研究團隊得出一個結論：「調查團隊辨識出在該情況當中，只有機長受空間定向障礙（spatial disorientation）影響一說，能解釋這起意外發生的來龍去脈，且也有充分的現有證據加以支持。」[7]

　　在產生空間定向障礙——又稱眩暈——時，飛行員會無法感知到飛機與地面的相對位置；這種狀況通常發生在缺乏視覺訊號之時，例如飛機穿過密度較高的雲層，或在漆黑的海上飛行時。遭遇這種狀況的飛行員，可能會在傾斜轉彎時深信自己在直飛，或者在結束平飛轉彎時感覺自己在向下俯衝，他們若試圖糾正（自己想像中的）飛行方向，反而會使情況惡化。在急劇減速期間，飛行員有時會感覺到飛機正在下墜，而受錯覺影響的飛行員也許會試著拉高前進方向，結果往往導向災難性的下墜——顧名思義的「死亡螺旋」（graveyard spin）。小約翰·甘迺迪（John F. Kennedy Jr.）在1999年7月16日駕駛一架輕航機墜入大西洋，很可能就是因為他在飛往瑪莎葡萄園島（Martha's Vineyard）途中天候不

佳，從而導致空間定向障礙與飛機的死亡螺旋[8]。

▍為什麼飛機下墜，卻深信自己往上飛？

為什麼在飛機下墜時，飛行員還會深信自己在往上飛？為什麼飛機開始危險地傾斜了，他還深信自己在直飛？人腦的定向系統演化至今，並不是為了讓我們在空中飛行，而是要幫助我們偵測自己在陸地上的動態。大腦能比較內耳不同的訊號（內耳中一些規管裝有液體，液體會隨我們的動作流動）與指向地心的固定重力感，計算我們的方向狀態[9]，我們在陸地時這套系統效果很好，畢竟它本來就是為了在陸地上使用才發展出來的（人類的祖先沒什麼機會在空中飛翔）。然而，當我們在一架於高空高速飛行的飛機上，平衡系統會開始錯亂，大腦會把角加速度或離心力等不規則的訊號解讀為自然的重力，結果誤判了我們和地面的相對位置。內耳中的液體跟不上飛機轉向的高速，以致內耳傳送了錯誤的訊號給大腦，而在人們看不見周遭環境、無法用視覺確認空間方向的情況下，就不會注意到這些方位的變化。結果，飛機即使是側著飛，飛行員也可能會深信自己是與地面平行，甚至感覺自己像坐在自家沙發上一樣舒服自在[10]。

那麼，問題來了：我們從小學會仰賴大腦的定向系統，相信它能將身體相對於地面的正確相對位置告訴我們；我們

極少懷疑大腦提供的訊息，因此在一般狀況下也不會懷疑自己的方向感有問題。在閱讀本書的此時此刻，各位能百分之百確定天空就在上方、地面就在腳下，而你的認知應該也沒有問題。即使在缺乏視覺提示的夜間，你還是能相信自己的感覺，知道上下的相對方位。

　　因此，訓練中的飛行員必須學到一件事：即使百分之百相信飛機在往某個特定方向行進，那也可能是錯覺。這個概念並不好懂，畢竟錯覺之所以是錯覺，就是因為我們將其當成現實。「在學習飛行技術時，最難調適的部分是，你必須願意相信在特定條件下，自己的感知可能有誤。」一部飛行員訓練指南中寫道[11]。

　　好消息是，我們有辦法解決飛行員眩暈的問題，那就是使用飛機的導航系統。幾乎每一位飛行員都至少體驗過一次眩暈，但多虧導航系統的幫助，大部分的飛機都不會突然墜海。飛行員必須熟悉飛機的導航系統，即使在大腦給予和系統不符的訊息時，還是得相信導航系統，如此一來就能避免悲劇發生。至於小約翰・甘迺迪呢，他只有目視飛行（visual flight rules，VFR）證照，卻沒有儀器飛行（instrument flight rules，IFR）證照，這表示他沒受過特殊訓練，無法在缺乏視覺提示的條件下飛行──而在他發生空難的當晚由於下著暴雨、天色昏暗，無法單靠儀器飛行的他，不幸出了意外[12]。

　　駕駛閃光航空噴射客機的機長卡德・阿卜杜拉是位經驗

豐富的飛行員，有目視飛行與儀器飛行證照，然而在事發當天，他似乎被自己的大腦騙了，當飛機大幅度右轉、朝下方飛去時，他竟然以為自己正在平飛。對一位經驗豐富的飛行員來說，怎麼會發生這樣的錯誤？美國調查團隊提出以下假想情境：飛機起飛過後不久，在夜間飛到紅海上空，因此機長沒能看見地面照明等視覺提示，看不出飛機與地面或海面的相對位置。第二，飛機的空間位置變化相當緩慢，空勤人員內耳的前庭系統無法準確地感覺到異常，而且在角度大幅增加後，機長甚至可能以為飛機在微微左轉，而不是往右側大轉彎[13]。上述情境符合駕駛艙的對話錄音——在該紀錄中，副機長對機長表示飛機正在右轉，機長接著訝異地回應道：「右轉？轉了多少？」由此可見，他認為副機長提供的資訊與自己的感知互相矛盾[14]。

由於缺乏視覺資訊、方位變化又不明顯，機長只能時時注意飛機的導航系統，才能精準地確認飛機與地面的相對位置；但證據顯示，他並沒有時時刻刻注意飛航儀器。當飛機開始傾斜右轉時，飛行速度較標準速度低了35節，俯仰角也逐漸大於標準角度。機長顯然太專注於開啟與關閉自動飛行功能，沒注意到這些變化[15]，而在未關注飛機導航系統的情況下，他就只能仰賴大腦的導航系統。問題是，他的大腦從內耳接獲錯誤訊息，又沒收到視覺訊息，最後災難就這麼發生。

▌視錯覺

我們大多數人都沒開過飛機，沒體驗過眩暈的感覺，但我們在生活中都時時刻刻受大腦創造的幻覺欺騙而不自知。請看圖1中的A方格與B方格，請問哪一個方格的顏色較淺？你和我看到的答案應該都是B方格的顏色較淺……對吧？

▶▶▶ 圖1　棋盤陰影錯覺

資料來源：Edward H. Adelson, 1995.

錯，我跟你保證，A、B兩個方格的顏色一模一樣，完全沒有差異。那麼，我們為什麼會將它們看成深淺不同的灰色呢？這是大腦創造出的**視錯覺**（Visual Illusions），我們的視覺系統認為B方格是在陰影中，A方格則是在光線下。事實上，兩者並沒有陰影與光線之分，這是用Photoshop修圖技術製作出的圖，A、B方格表現出的光線明暗毫無差別，可是大

腦還是會自動認定方格的位置（陰影中或光線下），在一番
修正過後認定B方格顏色較淺[16]。結果就是，A方格看上去
比B方格的顏色深。我們主觀認知的現實和客觀現實，並不相
同。

　　在這個情況下，大腦給了我們錯誤資訊（而且是十分有
說服力的資訊），而這麼做並不是沒道理。我們的視覺系統
原本的功能並不是理解經過巧妙修圖、不符合物理法則的圖
案，視覺系統和我們的定向系統同樣是為了理解周遭世界而
發展出來的，而為了達到「理解世界」這個目的，它發展出
一些捷徑與對於世界的設想，這些能讓大腦在幾乎所有情況
下有效率地工作。但是，在不符合設想的情境中，系統便會
出錯。

　　我們來看看下一個例子。請見圖2。

　　你看到了什麼？是一個女孩子在微笑的照片，只是上下
顛倒了，對吧？那現在請把書翻轉180度，看看方向正確的照
片長什麼樣子。

　　你現在看到的是什麼？仔細一看，你是不是發現這位女
孩笑得沒那麼可愛了？這種錯覺被稱為**柴契爾錯覺**（Thatcher
illusion），之所以用柴契爾命名，是因為最初是在1980年用
英國前首相瑪格麗特・柴契爾（Margaret Thatcher）的照片展
示的[17]。我必須說，要在柴契爾臉上看見歡快的笑容，可是
十分難得。

▶▶▶ 圖2　微笑的女孩

資料來源：Adapted from P. Rotshtein, R. Malach, U. Hadar, M. Graif, and T. Hendler, "Feeling or Features: Different Sensitivity to Emotion in Higher-Order Visual Cortex and Amygdala," *Neuron* 32 (2001): 747-57.

　　在製作「柴契爾錯覺」時，我們會上下翻轉一張臉，卻讓眼睛與嘴部保持原樣。倒著看時，整張臉顯得相對正常，在我們眼裡，照片中的臉表達了「柴契爾化」（Thatcherize）前的表情（翻轉整張臉卻不翻轉嘴眼的處理，被稱為「柴契爾化」）。因此，照片中的女孩原本在微笑，但在「柴契爾化」過後，我們還是會認為她在微笑。然而，「柴契爾化」的臉在翻轉180度後會顯得十分詭異，甚至是恐怖，我們能輕易注意到嘴部與眼部相對於整張臉的方位錯亂。

　　柴契爾錯覺和其他許多錯覺一樣提供了線索，幫助我們瞭解大腦的運作模式，以及引導大腦發展至今的演化限制。我們在日常生活中整天會看到正向的臉，街上、公車上、辦公室裡都是一張張上下方向正常的臉。我們必須準確且有效

率地辨識出「臉是臉」，而不是把他人的臉看成足球或西瓜，因為我們不能把臉踢來踢去，也不能把它們劈成兩半。另外，我們也必須輕鬆地區分伴侶與上司或鄰居的臉，否則你的生活會變得很尷尬——其實光是區分伴侶、上司與鄰居的臉還不夠，要在這個世界生活的話，得記住並辨別數以千計的臉。好消息是，大多數人都能輕鬆完成這個任務，這有一部分須歸功大腦裡的「梭狀臉孔腦區」（fusiform face area，FFA），它位於名為「梭狀回」（fusiform gyrus）的腦區之中[18]。梭狀臉孔腦區是視覺系統的一部分，讓我們看出臉是臉，也幫助我們區分每天看到的一張張臉。在梭狀臉孔腦區功能異常的情況下，人們可能會發生**臉盲**（prosopagnosic）情形，梭狀回受損的人往往無法正常地辨識人臉，甚至可能認不得自己的臉（奧立佛·薩克斯〔Oliver Sacks〕在《錯把太太當帽子的人》〔*The Man Who Mistook His Wife for a Hat*〕一書中，介紹了這樣的案例[19]）。

▌大腦不會分別去辨識人的五官

你能想像自己在不知道誰是誰的情況下過活嗎？我們辨識人臉的能力當然算不上完美，平常可能會遇到號稱認識我們、但我們卻怎麼也想不起是誰的人；不過當你去學校接小孩時，通常不會把別人家的小孩接回家，就算你的孩子穿了

新衣服或剛剪過頭髮，你也不太可能認錯。而且，人們辨識人臉的能力不止於此，你不僅能在人海中找到自己的小孩，還能從他臉上的表情判斷孩子今天過得是好是壞。

人類非常擅長辨識其他人的情緒狀態，我們平時都會憑語氣、步伐等各種線索，無意識地做到這件事；不過我們辨識他人情緒狀態的基準，主要是臉部表情。我們能從別人臉上的表情看出他們的喜怒哀樂：看到別人嘴脣捲曲、雙眼圓睜或瞇起眼睛，我們就知道他們此時是悲傷、害怕或憤怒。這些線索或許不明顯，但我們都是辨識面部表情的專家，善於偵測他人的情緒狀態。無論是熟悉的面孔、陌生面孔、和自己來自同一文化的面孔或陌生文化的面孔，我們都能解讀，因為人類用表情傳達情緒的方式大同小異[20]。

傳達與偵測情緒的能力再重要不過，因為關乎生死存亡。舉例而言，我們必須有能力區分恐懼與憤怒的神情：當在你面前的人露出憤怒表情，表示對方此時感到不愉快，而且可能是對我們感到不愉快，甚至會對我們構成生命威脅；當面前的人露出恐懼神情，則表示環境中存在某種威脅，而對方並不是威脅的來源——這種情況下，我們該迅速掃視周遭環境，試著偵測出危險的來源，進而躲避威脅。

準確辨識表情與身分的能力對社交溝通而言十分重要，大多數人都有能力辨識出數千張臉，能輕易區分瑪格麗特‧柴契爾與喬治男孩（Boy George）（據說這兩人相貌酷似）

【21】，也能區分愁眉苦臉與燦笑。然而一旦把人臉顛倒過來，我們就會像沒了導航儀器、在一片漆黑中駕駛飛機的飛行員一樣失去方向。

大腦習慣辨識正向的人臉與表情，能同時分析眼、鼻、口等不同的臉部部位，這也是最有效率的分析方式。換句話說，大腦不會分別去辨識人的五官，而是會把臉與表情當成一個整體去分析【22】。由於大腦很少有機會遇到上下顛倒的臉，它沒能學會如此有效地進行分析，所以在看到倒向的臉時，人們似乎會將各個部位分開來看，而不再將一張倒著的臉視為一個整體【23】。

我們再回去看第33頁圖2那張上下顛倒的小女孩臉孔。雖然臉倒轉過來了，但她的嘴巴和眼睛還是正向的，且單獨來看的話，她的嘴與眼是以正常方式傳達情緒。看到這張圖時，大腦會把嘴與眼和其他部位分開解讀，辨識出嘴、眼傳達的情緒線索，然後得到「這位小女孩在笑」的結論。但是將「柴契爾化」的臉倒轉180度後，我們會發現嘴與眼都是自身未曾看過的形狀，顯得畸形又扭曲，而人們會對這種扭曲神情產生恐懼與厭惡的情緒反應。

▍猴子也對柴契爾錯覺有反應

不僅是人類，就連猴子，也會被「柴契爾化」的臉所欺

騙【24】。美國埃默里大學（Emory University）的一群研究員用和圖2相同的手法，將一張猴臉照片「柴契爾化」，接著將4張照片拿給一群猴子看：一張是正常的猴臉、一張是倒轉的正常猴臉、一張是倒轉的「柴契爾化」猴臉（如圖2），最後一張是正向的「柴契爾化」猴臉（在人類看來很畸形的圖片）。猴子們對正向與倒向的正常猴臉都不怎麼感興趣，只看了幾眼便不再理會那兩張圖。那麼，猴子對「柴契爾化」猴臉的反應是什麼？當看到如圖2那種倒轉的「柴契爾化」猴臉時，猴子們同樣不感興趣；但當看見正向的「柴契爾化」猴臉，牠們觀看該圖片的時間，遠比看另外3張圖的時間來得長。猴子們的反應顯示，牠們和人們一樣認為正向的「柴契爾化」猴臉十分詭異，而看到倒轉的「柴契爾化」猴臉時卻誤以為那是張正常的臉。假如猴子也對柴契爾錯覺有反應，就表示錯覺的成因在演化上已年代久遠，人類與猴子的大腦似乎在很久以前，便發展出「辨識正向的臉」之特定傾向。

　　「柴契爾錯覺」與其他錯覺一樣，即使知道這是錯覺、瞭解它的根據，人們還是會受其影響。再回去看第31頁的圖1，即使知道A、B兩個方格顏色相同，我們還是會覺得B方格顏色較淺。由此可見，知識並不會改變人們的感知，錯覺依舊存在。同樣地，飛行員也許明白自己處於眩暈狀態，知道儀器提供的訊息與本身的感知不同，但還是可能在下墜時感覺自己在往上飛。錯覺似乎再真實不過，和我們知不知道自

己感知有誤，並沒有關係。

在面對「視錯覺」時，當別人對我們指出盲點後，若我們能親眼看到真相，就比較能接受自己感知有誤的事實。我們可以**翻轉書本**，或用Photoshop移動檢視圖1的方格，親眼看出「視錯覺」的效果。然而在面對**認知錯覺**（cognitive illusion）而非感知錯覺時，我們就比較難接受事實了。

大腦和其他複雜的系統一樣，天生有些缺陷，而且這些是不可抗拒的缺陷，我們在日常生活中根本感覺不到它們的存在。我們很少懷疑自身的感知是否準確反映周遭世界，根本沒發現大腦呈現給我們的「現實」，經常是扭曲的。只有當我們用儀器（如眩暈狀態）、實例證明（如視錯覺）或數據（如樂觀偏誤與其他認知錯覺）指出認知與現實的差異時，才會赫然發現，現實和我們預期的模樣其實很不同。這時我們才會發現，大腦並不會忠實地呈現出周遭環境的真實樣貌，也不會忠實地呈現出我們內在的真實樣貌。

話雖如此，錯覺還是能幫助我們認識人腦演化適應的天性，呈現出神經系統在演化過程中的成功而非失敗——只不過在發生眩暈或其他狀況時，這些演化上的成功可能會導向災難。

█ 認知錯覺

請看看下列的個人特質，花點時間為自己的每一項特質評分，並想想自己和其他人相比，是屬低於25％的部分、中間25％到58％的部分、50％到75％的部分，還是高於75％的那部分──換言之，覺得自己是在全人類中，排名前25％的人。

- ・與人相處的能力
- ・領導能力
- ・邏輯思考
- ・駕駛技術

再為自己是否具備以下這些特質評分：

- ・誠實
- ・活潑
- ・有趣
- ・外貌

其實，大多數人都認為自己的能力與特質優於全人類的平均，並把自己設定成獨一無二的存在。你在幫自己評分時，可能不會把上面每項特質的分數都打到平均分數以上，

但我猜大多數人還是認為自己比50％的人優秀，甚至可排在最頂層的25％的那部分當中。

1970年代中期的一份調查研究顯示，85％的填答者認為自己「與他人相處的能力」，排在高於全人類的50％位置；而70％的填答者認為自己的領導能力，比全人類的50％還要強。更有趣的是，在填寫「與他人相處的能力」這題時，有四分之一的人都認為自己應該屬於最優秀的1％【25】！另一份調查則顯示，93％的填答者相信，自己的駕駛能力位居前50％【26】。

這怎麼可能呢？大多數人當然不可能比其他人還優秀，研究數據呈現出數學上的矛盾之處：在能力優劣的分布之中，不可能所有人都歸在優秀那一端，總得有一半的人屬於能力較差的那一端。話雖如此，這不妨礙我們「相信」自己大部分的正面特質都屬於優秀的那一端，而我們也的確這麼相信著。這樣的錯覺被稱為**優越幻覺**（superiority illusion），又稱**優越偏差**（superiority bias），其和「空間定向障礙」或將人臉「柴契爾化」所產生的錯覺同樣強大。我們自信滿滿地認定自己比一般人風趣、有魅力、友善與成功。如果有人問起，我們表面上也許不會承認，但還是會對自己的判斷深信不疑。老實說，有一些人確實比一般人有創意、誠實又幽默，不過約有一半的人比不上一般人。我們不知道自己受錯覺蒙蔽，沒辦法看清自身思維上的偏差，卻往往能注意到他

人心中的偏誤。

「空間定向障礙」也是同理，駕駛604號班機的卡德・阿卜杜拉機長在飛機過度傾斜時，身邊還有其他人：副機長阿姆爾・沙菲（Amr Shaafei）就坐在他身旁。沙菲當時似乎注意到飛機確切的飛行方位，根據美國調查團隊的報告，「副機長在言語溝通中顯示，他在失事過程中確切意識到飛機的飛行高度」【27】。當他終於開口提醒阿卜杜拉傾斜角度過大時，很可能已發現機長呈現眩暈狀態了。

在一個沒有體驗到錯覺的外人看來，錯覺往往再明顯不過；然而在604號班機的案例中，沙菲雖注意到阿卜杜拉所處的空間錯覺，卻沒有直截了當地將情勢告訴對方，等到他終於試圖糾正上司的空間方向感，早就為時已晚。

此事件顯示出許多錯覺與幻覺的重要特質：**在面對視錯覺時，人們通常會和身邊的人同樣受錯誤的感知欺騙**；但在面對其他種類的錯覺時，錯覺對人們的影響會因人而異，且一部分取決於我們的立場。舉例而言，大多數人相信自己在許多方面都比他人優秀，這表示我們認為自己較優秀，而不是其他人較優秀。由此可見，第一，我們所有人對世界的看法都有些不同；第二，我們都有能力注意到他人的「優越幻覺」等認知錯覺。我們能看見這些錯覺與偏見對他人造成的影響，卻看不見自己所受的影響，因此得到的結論是：自己較不容易受偏見影響。簡單來說，意思就是我們誤以為自己

對錯覺免疫——這，就是認知錯覺的諷刺之處。

▌內省錯覺

　　我們往往認為和其他人類相比，自己較不容易受偏見影響，而這樣的傾向被普林斯頓大學心理學者艾蜜莉‧普羅寧（Emily Pronin）稱為**偏見盲點**（bias blind spot）[28]。普羅寧以獵鴨為例，說明「偏見盲點」的現象[29]。

　　2004年，美國最高法院大法官安東寧‧斯卡利亞（Antonin Scalia）與副總統迪克‧錢尼（Dick Cheney）到路易斯安那州南部的私有獵場獵鴨。錢尼與斯卡利亞想必都認為自己的獵鴨技術比對方優異……但這不是重點。那趟獵鴨之旅之所以有意思，是因為斯卡利亞大法官即將為一起案件下達判決，而判決結果和副總統錢尼息息相關——先前地方法院命錢尼揭露他的能源專門小組的參與者身分資料，他上訴到了最高法院，正在等待結果。

　　無論媒體或社會大眾都認為，最高法院接受上訴過後才數周，斯卡利亞理應迴避這椿案件才對，而非與錢尼密切展開社交活動[30]。人們擔心大法官和副總統一同吃喝玩樂與獵鴨，到時在審理錢尼的案件時，可能無法保持客觀。那麼，斯卡利亞是怎麼回應的呢？「我不認為人們能合理地質疑我的公正性。」他說道，並表示那場獵鴨之旅唯一的缺點，就

是狩獵過程不夠過癮[31]。

　　斯卡利亞與最高法院的多數大法官最後下達對錢尼有利的判決，儘管斯卡利亞在審判時可能保持客觀中立，但也真的無法斷定他的公正性是毋庸置疑的。為什麼事情在我們看來是再清楚明白不過，但在斯卡利亞看來卻完全不是這麼一回事呢？普羅寧提出，這是因為人們往往會根據行為評判他人的偏誤深淺；而在評判自己的偏誤時，憑藉的卻是內在感受、想法與動機[32]。斯卡利亞和錢尼一同度假、一起喝紅酒、分享了狩獵小技巧，而在不久後，斯卡利亞下達了對錢尼有利的判決。我們在評估他的行為過後，得到「斯卡利亞大法官可能懷有私人情分」的結論，然而斯卡利亞和我們不一樣，他知道自己心中的想法與動機，在評估自身內心的想法後，他堅決認定自己在審判錢尼的案件時，並不帶有私人情分。斯卡利亞以為自己看清本身內在的動機與心理狀態，相信自己知道哪個方向是「上」、哪個方向是「下」……然而，他的想法至少有一部分有誤。

　　斯卡利亞似乎經歷了**內省錯覺**（introspection illusion），受這種錯覺影響的人，深信自己能直接看清自身心理狀態背後的種種過程，但大多數心理過程都不是我們能有意識去解讀的。問題是，人們沒意識到自己對自己的認知有限，所以「內省」感覺像是簡單地觀察自身的意圖，實際上卻有一大部分是我們對自身意圖的推論，而非直接地看清意圖本身[33]。

　　「內省錯覺」的最佳案例之一，出自佩德·約翰森（Petter Johansson）、拉爾斯·哈爾（Lars Hall）、斯威克·希克斯壯（Sverker Silkstrom）與安德列斯·歐爾森（Andreas Olsson）執行的一場研究（我有幸在攻讀博士學位期間，和歐爾森共用一間辦公室）。這支瑞典研究團隊所進行的研究，是為了探討人們心中的意圖，有多大部分是能精準地內省觀察【34】。他們讓120名參與者看了15組照片，每組包括2位女性的照片，隨後請參與者選擇自己認為較吸引人的女性。接著，他們將被選中的女性照片交給參與者，請參與者更仔細觀察後，說明自己認為該名女性較吸引人的理由。但參與者有所不知，在15組實驗當中有3組的照片被調換，所以他們拿到的並不是自己選擇的那張，而是自己認為較不吸引人的那張。神奇的是，75％的參與者都沒注意到照片被調換，即使兩張照片差異不小，他們也沒注意到。實驗結束時，研究者詢問仍不知情的參與者，一個「假設性」問題：「假如你參與另一場實驗，你挑選的照片被暗中調換成你沒選的那張，請問你會注意到嗎？」84％的參與者（剛才根本沒注意到差異的這些人），都相信自己能輕易地留意到差別。

　　更令人吃驚的是，當參與者看到自己數秒前認為較不吸引人的照片，還是能煞有其事地對研究者說明該張照片為什麼比自己原先挑選的那張吸引人，且從頭到尾都沒發現那根本就不是自己喜歡的照片。一名參與者解釋道，他選了戴著

首飾、面帶微笑的女孩子，是因為：「她整個人很燦爛，在酒吧遇到她和另外那張的女生的話，我會比較想找她搭話。我喜歡她戴的那副耳環。」[35]但實際上，這名參與者一開始選的並不是這位戴耳環微笑著的女孩，而是神情嚴肅、沒戴首飾的女孩！當這名參與者被研究者欺騙、試圖說明自己為何偏好微笑著的女孩，他相信自己能評估引導其做決定的過程，而他的回答顯示，他雖以為能直接看清自己的偏好與意圖，卻大錯特錯。這名參與者經歷了內省錯覺：他不是在誠實地回顧自內心的思考過程，而是在不精確地推斷與重建自己先前的意圖與心理狀態。

▌選擇盲視

　　研究者將這種現象稱為**選擇盲視**（choice blindness）；而當參與者展現不相信自己會被如此愚弄的心態，則稱為**選擇盲視盲視**（choice blindness blindness）[36]。研究團隊想確認選擇盲視，並不是人們在評判人臉吸引力時獨有的現象，畢竟就如前面所述，人臉辨識是大腦相當特殊的功能，人們會把「臉」當成一個整體去看，說不定人臉認知會特別容易受選擇盲視影響。

　　因此，約翰森與哈爾去了一家超市，擺起果醬試吃攤。他們請不知情的顧客品嘗兩種口味的果醬──黑醋栗與覆盆

子——一種裝在藍罐子裡,另一種裝在紅罐子裡。在試吃過兩種果醬後,他們請顧客說出個人偏好的口味,接著又給顧客一些試吃用的果醬,說這是剛才被選中的那種口味。他們請顧客說明自己偏好那種果醬的理由。

其實顧客有所不知,約翰森與哈爾又在玩小把戲了——擺在顧客面前的果醬罐,其實被中間的隔板分成兩格,所以同一個罐子裡可以裝兩種果醬,約翰森與哈爾可以「變魔術」,在不被顧客注意到的情況下,讓對方品嘗剛才沒被選中的口味。顧客們有「果醬盲視」,沒注意到第二次吃到的果醬並不是第一次試吃時偏好的口味,但卻還能胸有成竹地說明自己挑選(錯誤的)果醬時所考慮的因素[37]。「不死甜。」一名顧客如此解釋自己挑選果醬的理由,卻根本沒發現那是本身較不偏好的口味。「很輕易就能用塑膠湯匙挖起來。」又一名顧客解釋道[38]。

約翰森、哈爾等人的實驗顯示,人們可能會為自己實際上沒有的偏好與意圖,創生出煞有其事的一套合理解釋。那麼,當沒有小把戲蒙騙我們時,人們的行為與思想之間,也存在這樣的斷層嗎?

在做下人生中的重大抉擇之前——如搬到外國生活、選擇哪所大學就讀或決定要去哪裡工作——大多數人都會花不少時間列舉每一個選項的優缺點。我們會一再檢視種種可能性,最終下定決心,而等我們得到結論時,已經可以對別人

解釋為什麼哥倫比亞商學院比華頓商學院更適合自己。有些人會花好幾個鐘頭，思考周五晚上要看哪部電影；也有人會在腦中列舉臘腸披薩與香菇火腿披薩的優缺點，最後好不容易決定要叫哪種披薩當晚餐。

　　然而，很多時候這都只是在浪費寶貴的時間。研究顯示，**花太多時間思考，反而有可能導向不佳的決策**：在一份研究中，研究者提供參與者幾張藝術海報的選項，請他們決定要帶哪張回家[39]。研究者請一組參與者在做選擇前，列出自己喜歡或不喜歡每張海報的理由，另一組參與者則只能快速做決定。數周後的調查顯示，相較於花時間有意識地比較各選項優缺點的那組，快速決定組的參與者對自己挑選的海報較滿意。

　　這是怎麼回事？為什麼多花時間思考，反而導致人們做出較差的選擇？這是因為當有意識地評估選項時，人們反而太專注於海報的特定部分，卻沒能注意到其他較重要的部分，結果將重點放在較容易用言語表達的部分。「這張海報的顏色，和我的家具較搭。」其中一名參與者解釋道。至於參與者對海報的情緒反應，就沒那麼容易透過內省和言語表達出來，因此在衡量過程中較容易被忽視，結果參與者將海報帶回家後，卻發現那些難以表達的部分，其實才是最重要的。

　　我們常認為，斟酌思考是挑選最佳選項的好方法，但這種思考方式可能會給我們提供錯誤訊息，無論是在挑選公寓

或彩色軟糖，反覆思考都可能會降低我們的滿足感【40】。這是因為有意識的合理化思考，只允許我們觸及特定資訊。無論我們多努力嘗試，一些心理與感情的變化過程，還是很有可能潛藏在看不見的地方。

▌樂觀偏誤是守護身心的衛兵

樂觀偏誤是種「認知錯覺」，它就和「視錯覺」與「優越幻覺」一樣，除非鐵證如山，否則我們都視而不見。這就和「選擇盲視盲視」與「內省錯覺」一樣，我們都不相信自己有被欺騙的可能性——同事是有可能抱持不切實際的樂觀態度沒錯，某個國家的人民確實有可能過度樂觀，但自己才不會犯這種錯誤；我們歐洲人／中東人／紐約人／律師／記者／學者／老人（以此類推，你懂的！）才不會過度樂觀呢。我們之中很多人都相信自己對未來的想像十分務實——我們確實抱持美好的期望，但那是因為未來就是會這麼美好啊！

樂觀偏誤就像是守護你我的衛兵，負責讓我們保持心情愉快、身體健康，確保我們能持續前行，而不是把我們逼得爬上最近的高樓頂樓。這時你可能會問：既然如此，那我真的有必要戳破這美好的粉紅泡泡嗎？嗯，這麼說也有道理，但請回想之前那張「柴契爾化」的臉（圖2）與「棋盤陰影錯

覺」（圖1）──你完全同意它們是錯覺，甚至可以解釋大腦
創造這些錯覺的原因，卻還是會心甘情願地上當。每一次、
每一次，都會上當。

　　樂觀偏誤也是如此。當你在閱讀本書所提出的證據後，
也許會承認偏誤確實存在，這些知識甚至可能會在某些時候
改變你的行為，就和瞭解眩暈現象背後原理的飛行員一樣，
可以安全地駕駛飛機到目的地降落。儘管如此，當你看到一
個水杯時，你還是很有可能會將它視為「半滿」，而不是
「半空」。

第 2 章

動物也有時間概念嗎？

展望未來的演化

Are Animals Stuck in Time?
The Evolution of Prospection

在2007年，潔伊短暫地嘗到出名滋味。她的案例最早被刊登在著名科學期刊《自然》（*Nature*）上，後來陸續上了全球各地的雜誌、報紙與部落格，無論是心理學家、生物學家、神經科學家或社會大眾，都對潔伊的能力深感興趣，而將這些能力公諸於世的科學團隊，也因此成為世界名人。

　　潔伊似乎不認為自己擁有特殊能力，在她看來，自己的生活再平凡不過。她住在全世界最古老、最享有盛譽的大學之一──劍橋大學校園裡，該校各個學院位於康河河畔，而這條寧靜的河川靜靜地流過劍橋市。劍橋大學其中一幢四周盡是草坪的優美老建築，就是潔伊和一些同儕的居所，每一層樓有幾間寢室，每層樓住大約10名住客。潔伊和朋友們平時處得很好，卻偶爾會發生摩擦，尤其因為他們有互偷別人食物的壞習慣。如果各位年輕時曾和人合租過房子的話，就

知道食物被偷是相當常見的狀況：一早醒來，想來一碗脆堅果麥片當早餐，卻發現鮮奶都沒了，這時該怎麼辦？只好拿室友剛買回來的牛奶來喝了！你剛從冰箱拿出那瓶牛奶，卻注意到有塊令人垂涎三尺的巧克力布朗尼——你明知道不應該，卻還是抗拒不了那塊撒了碎堅果的甜點的誘惑，在天人交戰數秒後也把它從冰箱拿了出來。你告訴自己：「反正這幢屋子裡住了5個人，沒有人能證明是我吃的。」你迅速把這塊甜點塞進嘴巴，心滿意足地舔了舔嘴唇，同時把構成犯罪證據的碎屑都清乾淨。

為避免這種惱人的狀況發生，跟別人合租時，我們通常會把食物藏起來，例如把冰淇淋桶塞到冷凍庫最裡面；或把昂貴的葡萄酒放在自己房間。潔伊也有這樣的習慣，而且她做得很徹底，假如她放早餐的位置被室友看見了，她會等室友離開後折回來把食物移到另一個位置，以免到早上食物就不見了。她起初也沒想到要重新藏匿食物，而是當自己偷了別人的食物後，才開始玩起這樣的心機遊戲，畢竟小偷的心態就只有小偷才懂。

潔伊的住宿環境有個特異之處：潔伊和室友們並沒有特定的寢室，只要是同一層樓的房間，他們都能隨便使用。潔伊並不介意在不同的房間睡覺，但這樣的住宿安排有個問題——她最討厭一早醒來餓肚子了，不管晚上在哪裡入睡，她都希望早上醒來時，馬上有早餐可以吃。她住在大學裡，

不是五星級飯店，當然沒辦法叫人送食物進房間，因此潔伊會在睡前把食物藏在自己隔天早上會在的房間。她喜歡餐點多樣化，所以假如已經知道某個房間裡放了麥片，她就不會帶更多麥片過去，而是會隨身帶些花生。

潔伊除了早餐以外，午、晚餐也是貫徹多樣化，畢竟同樣的食物吃久了就會膩，所以她會想吃些不同的東西。這也是無可厚非，沒有人喜歡同一種食物一直吃嘛，就算是我們這輩子喝過最美味的湯，喝了一、兩碗後，我們就不太會想再喝第三碗了，而會想吃點沙拉或三明治。問題是，潔伊沒辦法完全控制自己每天吃什麼，因為餐點都是大學決定的，她很早就發現劍橋大學提供的餐點沒辦法滿足她對多樣化飲食的需求，很多時候同一天的午、晚餐會是一模一樣的料理，潔伊根本無法接受。為了讓自己吃些不一樣的東西，她常會把一些早餐的食物，留到晚餐時間吃。

對了，潔伊還有一個本領：她會飛。她隨時可以展開翅膀，飛到空中，但這並不是她的特異之處，也不是《自然》期刊刊登關於她的報導的原因[1]。潔伊之所以會飛，是因為她是一隻西叢鴉（scrub jay），學名為Alphelocoma californica，屬鴉科，棲息在北美洲西部。這是一種美麗的藍色鳥類，高約30公分、重約85公克。潔伊和其他鳥類同伴，是被心理學者妮基‧克萊頓（Nicky Clayton）從加州大學戴維斯分校（University of California at Davis）帶到劍橋大學的。

1990年代中期，來自英國的克萊頓在加大戴維斯分校做博士後研究，有天她在綠意盎然的校園裡吃午餐，注意到西叢鴉群在吃午餐的學生附近飛來飛去、蒐集人們吃剩的三明治。這件事本身並不奇怪，但有趣的是，這些鳥兒並沒有立刻把蒐集來的食物吃掉，而是把這些「寶貝」藏到校園各處，晚點還會折回來把食物藏到第二個位置，之後再找機會享用[2]。

大多數人看到這些鳥類的行為都不會想太多，但克萊頓是專門研究動物行為的心理學者，她看到這一幕時突然靈光一閃——這些西叢鴉不僅展現出驚人的空間記憶，能準確記得藏食物的地點，還透過將食物藏起來晚點再吃的行為，展現了未雨綢繆的能力。除此之外，牠們將已經藏起來的食物移動到第二個地點，表示牠們擔心食物被其他鳥類偷走。約10年後，克萊頓用實驗數據證明了這些假說[3]。她對西叢鴉的觀察，推翻了許多知名心理學家的假設，那就是除了人類之外，其他動物會在心理上「受時間所困」——牠們無法想像自己身處不同的時間或地點。

▋「心理時間旅行」是人類的神奇天賦

我坐在自己的辦公室裡，時間是初秋，外頭卻已經陰雨綿綿，唉，這就是典型的倫敦天候。雖然我的人身處在2009

年9月15日的女王廣場邊的辦公室裡，坐在電腦前，但心思已經飄向別處。前一刻，我回到了2005年的加州戴維斯市，想起自己在同一片草坪上吃過的一頓頓午餐，想到自己當初都沒注意到身邊的西叢鴉。我也想到自己不到一年前和妮基．克萊頓吃了頓愉快的晚餐，那是在倫敦波羅市場上一家生蠔餐廳發生的事；克萊頓不吃肉類或禽類，所以我們選擇吃海鮮配白酒。

　　我在寫作的休息空檔上網訂了去芝加哥的機票，因為之後要去參加研討會。我只有在2006年10月去過一次芝加哥，那是在飛往洛杉磯的途中，由於我錯過了轉機時間，只好在這座「風城」度過一晚。我當時只準備了去洛杉磯穿的衣服，所以在芝加哥的夜晚我冷得瑟瑟發抖。當時店面都已經打烊了，沒辦法買件外套或毛衣禦寒。和我同行的朋友靈機一動，去了趟24小時營業的便利商店，買了條毛毯來蓋，結果我們裹著那條新買的灰色毛毯，體驗著芝加哥的夜生活。

　　我開始為接下來的旅行制定計畫，除了訂機票外還得準備研討會要用的講稿，還得訂飯店，而且這次必須打包保暖衣物，我可不想再裹著毛毯在芝加哥漫步。我應該會有些在城裡探索的時間，於是開始幻想接下來的芝加哥之旅。我雖然詳細規畫了接下來的行程，但計畫終究趕不上變化，去到芝加哥以後，我不僅不會入住當初預訂的旅館，還會和一些當初根本沒想過會遇到的人相處，學到的經驗與教訓也會和

當初設想的大不相同。

心理時間旅行（mental time travel）——在腦中進行空間與時間上的穿梭，或許是人類最神奇的天賦之一[4]，這也似乎是樂觀思考所需的一種能力。如果我們無法想像未來的自己，或許也就無法想像美好的前景。

多數人都不把心理時間旅行，視為如語言或數學那般的特殊技能，但我們絕不可以忽視這種能力。能夠暢想不同的時間與地點，對於人類生存來說至關重要，因為有了它，我們才能未雨綢繆，大幅提升繼續在這個星球上存活的機率。這種能力會促使我們貯存食物與資源，為可能物資匱乏的未來做好準備；讓我們能承受眼前的工作壓力，只為在未來能夠得到獎賞；也幫助我們尋找適合自己的長期伴侶。我們在腦內的時間旅行可不限於短暫的過去和未來，還能延伸到我們存在以前與消亡之後的時間點，允許我們預測現在的行為可能對未來世代造成何種影響。要是沒辦法想像100年後或是更久以後的世界，我們還會關心全球暖化議題嗎？我們還會試圖改變自己的行為嗎？

▍鳥類竟推翻心理學家假設

人類在演化過程中，很自然地培養出心理上的時間旅行能力，但也許大家不禁想問：人類，真的是自然界中唯一有

展望未來（prospection）能力的物種嗎？有沒有同樣擁有這種能力的其他物種呢？哪些生物有展望未來的能力，是和我們親緣關係最近的猿類，還是魚類、鳥類等在演化上和人類關係較遠的動物，也可能擁有這種能力？

　　要回答這個問題並不容易，畢竟動物無法用言語和我們溝通，在缺乏語言媒介的情況下，我們無法問鳥類、猴子與狗對未來有什麼期待，或牠們對過去的回憶。假如克萊頓的鳥能告訴我們，是否還記得小時候住過的戴維斯市；是否偶爾會想起在陽光下生活的歡樂時光；是否會想到周末可飛到公園遛一遛就十分興奮；或是否會想像自己未來老去的模樣等，那麼我們就能輕鬆得到答案了。問題是，牠們做不到，所以我們只能仔細觀察牠們的行為，推測牠們腦中是否也發生類似時間旅行的思考。在克萊頓進行她的開創性實驗之前，幾乎沒有證據顯示動物有「心理時間旅行」的能力。過去在這方面最為人接受的假說，是比朔夫‧庫勒假說（Bischof-Köhler hypothesis）：能想像未來及回憶過去的物種，只有人類[5]。

　　你也許會提出異議：那遷徙到溫暖地帶的鳥類呢？冬眠的熊呢？這些不都是未雨綢繆的例子嗎？當你走進房間時，你的狗預期接下來會有東西吃，開始興奮地搖尾巴，這不也是期待未來的表現嗎？這些例子，不都能展現出動物回顧過去與期待未來的能力嗎？

　　這麼說不太對，因為心理學者所謂的「心理時間旅

行」，指的並不是這類例子。我來解釋一下吧：貯藏食物或季節性遷徙等特定的動物行為，不見得表示牠們能理解未雨綢繆的概念，而可能只是長久演化、遺傳的本能罷了[6]。舉例而言，動物在感受到氣溫變化時可能會觸動遷徙本能，但動物本身可能完全沒有要未雨綢繆的想法。我們以鳥類的生理條件為例，環境刺激可能會觸發特定的行為表現（如遷徙），但鳥兒或許沒意識到若繼續待在相同的地區，可能會遭遇嚴寒與難以生存的氣候條件。鳥類築巢也是類似的例子：鳥類會在還沒有蛋可生的時候開始築巢，牠們莫非是預期自己未來可能得孵蛋，所以預先把巢準備好了？有可能，但更有可能是受到特定生理機制的驅使，而這些生理機制可能和預知未來的能力無關。

家裡有養狗、貓甚至是養魚的人都知道，寵物是有學習能力的。狗可以學會認識主人，在受過訓練後可以玩接球，不會在室內隨地小便，也知道聽見開罐器的聲音就表示該吃晚餐了。即便是魚類，似乎也多少有類似表現，如感覺到魚缸被輕敲一下後，知道緊接著食物就會來了。這些非人類動物無疑擁有記憶能力，不過我們只知道牠們能將刺激（開罐器的聲音）與後續獎勵（食物）連結在一起，但不知道牠們是否具備心理時間旅行能力[7]。舉例來說，我們知道握著咖啡杯可能會燙手，所以總會在杯上套一個紙套。雖然「熱飲可能會有導致燙傷的危險」這道訊息，或許是源於過去的痛

苦經歷，但我們不必回想過去手指燙傷的回憶，也不須想像自己的手被燙傷。

　　然而，克萊頓的鳥兒們似乎不只是進行簡單的聯想學習（associative learning）或單純受遺傳傾向影響。我們不妨回到本章開頭，重新檢視潔伊的行為吧。我在這裡描述的鳥類行為，其實都是克萊頓等研究者所觀察到的現象。根據觀察，那些鳥兒確實將食物藏到牠們認為將來會短缺的位置[8]；如果藏食物時被其他鳥兒看見，牠們會再回來把食物藏到另一個位置，減少被其他鳥兒偷吃掉的可能性[9]。另外，如果預期某個位置隔天會沒有某種食物，牠們也會特地把那種特定食物藏到那個位置[10]。在各位看來，這些是未雨綢繆的表現嗎？這些行為是否展示了鳥類的「心理時間旅行」能力呢？

　　我們來聚焦檢視幾個例子。在一次實驗中，克萊頓讓鳥兒在兩個房間之一醒過來[11]。房間A是早餐房，在那裡的鳥兒吃到的都是早餐食物；房間B則是無早餐房，在這個房間醒來的鳥兒沒有早餐吃。鳥兒們白天會在房間C活動，有充足的食物可以享用，能當下吃下肚，也可以把那些食物藏起來。在這樣的生活安排下，鳥兒們採取了什麼行動呢？牠們從房間C拿了些蚯蚓與粗粒糧食，藏到無早餐房；牠們在當下已經吃飽喝足了，但已經能預期明早在無早餐房醒來時會挨餓。鳥兒們老練的行為，展現了具體且複雜的規畫能力，這無法

用基因遺傳解釋，也很難說是刺激與聯想的效果，而是相當近似人類的規畫行為。鳥類可能預期自己未來會挨餓，所以把食物從某一個地點移動到另一個地點；人類也一樣，明明剛吃完大餐，卻還是可能會去買菜，因為我們預期自己過幾個小時之後又會餓，而且家裡的冰箱已經沒東西吃了。

不僅如此，克萊頓的鳥兒們似乎還能理解「有效期限」的概念。牠們發現蚯蚓腐敗的速度比松子快，所以只會去找剛藏起不久的蚯蚓（還未到「有效期限」的食物）。如果牠們估算蚯蚓已經放到壞掉了，那就不會去碰蚯蚓，而會把之前藏起來的松子找出來吃[12]，這可是相當了不起的能力。其他動物如老鼠，就沒能展現出瞭解時間與食物腐壞關係的行為[13]。人類當然熟知食物腐壞的概念，這展現出我們追蹤時間、排列優先順序與為未來做打算的能力，而西叢鴉顯然也具備這種能力。

鳥類明顯不太可能和人類做出同樣繁複的預先規畫，也不太可能和人類一樣鉅細靡遺地想像未來，但牠們似乎也不是困在此時此刻，而是能多少瞭解「明天可能會和今天不一樣」的概念。你也許會認為，既然鳥類明白這件事，世上和我們親緣關係最近的猿類也做得到，不過事實似乎不然。過去有學者數次試著測試猿猴未雨綢繆的能力，但在大部分的研究中，都無法證實人類以外的靈長類動物有規畫未來的能力[14]。在得到食物時，猴子往往會在吃飽後丟棄剩餘的食物，即使一天只餵

食牠們一次、牠們數小時後一定會餓肚子，猴子們還是不會貯藏食物。假如把多餘的食物保存下來，猴子們就能避免在數小時後挨餓了，可是牠們並沒有這麼做。研究者讓猴子們選擇不同分量的食物（如2顆、4顆、8顆、10顆或20顆棗子），猴子們不一定會選擇最大的那份，而是往往挑選自己當下能吃完的分量。也有一些研究者訓練猴子，讓牠們展現出特定行為，表示牠們還是能理解「未來」的觀念（如現在選擇少一點的食物，以求晚點獲得更多）[15]。然而大部分研究結果顯示，猴子們對未來時間的概念相當模糊——不然就是科學家的實驗設計仍有待改進。

▍ 倫敦計程車司機有不尋常大腦

　　為什麼特定的鳥類天生擁有「心理時間旅行」能力呢？鳥類演化出展望未來能力的過程，很可能和人類截然不同，不過我們還是可在倫敦計程車司機的大腦中找到答案。倫敦計程車司機被視為計程車界的高手，想考到執照、駕駛傳統的黑色計程車的話，必須通過考試，展現出自己對「知識」的掌握。對計程車司機「知識」的要求起源於1865年，多年下來成了全球最嚴苛的計程車司機訓練流程，司機必須以倫敦市中心的查令十字路為中心，熟習半徑約10公里範圍內的2萬5000條街道與320條行車路線，並熟知這些路線上所有劇

院、旅館、地鐵站、俱樂部、公園與大使館等地點【16】。

如果乘客剛在英國國家肖像館上車，客人接下來想去朗尼史葛爵士樂俱樂部（Ronnie Scott's）聽爵士樂，那司機應該要有辦法在短短數秒內考慮天氣與交通狀況，選出最合適的行車路線。他必須記得哪條路通往什麼地方、哪些道路是單行道、哪些路段在尖峰時刻會塞車。這些知識都必須儲存在他腦中，需要的時候就能隨時取用。司機可不能把寶貴時間用來查看地圖或GPS，或用無線電請對方給他行車指示。他必須總是領先一步，在右轉的同時就想著接下來要左轉；在還沒看到紅燈前，就準備停車。

學員平均會接受3年的高強度訓練，之後要通過12次考試才能取得執照。只有高手中的高手、如電影《捍衛戰士》（Top Gun）裡湯姆・克魯斯（Tom Cruise）飾演的菁英飛行員等級的強者才能通過重重考驗，這也許就是倫敦計程車費如此昂貴的原因——我懷疑紐約市的計程車資只有倫敦的一半，是因為從第三大道與五十六街路口開到第五大道與十街路口並沒有太難。報名訓練課程的學員中，只有約四分之一能成功考到執照，而成功者往往會擔任計程車司機數十年，成為在倫敦複雜的大街小巷中優遊穿梭的神人。那麼，這些人究竟是怎麼辦到的？

倫敦大學學院的愛蓮娜・馬奎爾（Eleanor Maguire）教授為回答這個問題，掃描了倫敦計程車司機的大腦，而在檢視大

腦掃描結果時，觀察到不尋常之處：這些司機的海馬迴（hippocampus）後側，比一般人來得大[17]。海馬迴是與記憶息息相關的腦區（大腦左右兩側都有一個），其後側更是空間記憶的關鍵區域。若單看這個結果，我們可能會認為海馬迴較大的人比較擅長導航，所以較有機會當上計程車司機──是不是跟長得高的人，較有可能成為籃球員一樣？然而，事情並沒有這麼簡單。馬奎爾發現，這些司機的海馬迴會隨著工作時間逐漸長大！計程車司機每開一年車，海馬迴就會變得更大，就和籃球員的小腿肌肉會越來越發達一樣。相較於只有2、3年經驗的新手，有40年駕駛經驗的司機海馬迴後側的灰質（神經元細胞體的所在處）較多，可見計程車司機的大腦會為了容納駕駛技術與知識，製造出更多空間。

　　「我從沒注意到大腦有一部分在長大。這讓我不禁去想，不知道剩下的部分都發生了什麼事？」一位計程車司機大衛・柯亨（David Cohen）表示[18]。這是個好問題，大腦剩下的部分究竟怎麼了？隨著海馬迴後側逐漸成長，前側似乎逐漸縮小了[19]；也就是說司機的資歷越深，海馬迴前側就越小。海馬迴前側的功能同樣是處理記憶，不過其在處理空間記憶方面沒那麼重要，它會縮小，就表示海馬迴為容納新技能而重新組織了一番。然而，司機們在獲得新特殊技能的同時，也付出代價。他們有了對倫敦街道巷弄深入的知識，伴隨而來的卻是其他方面的記憶問題，他們對其他類型的資

訊有一些記憶障礙。舉例而言，在背誦兩個一組的詞語（如「蘋果」與「玩具」）時，計程車司機的表現不如平均。不過這並不是永久的損傷，等司機退休以後，他們的大腦又會逐漸產生變化[20]，海馬迴後側開始慢慢縮回原本的大小，雖然導航駕駛能力退步了，但在其他記憶測驗上的表現都逐漸恢復正常。這份研究，突顯出人類大腦的可塑性——大腦會根據我們不斷變化的需求而出現改變。

▌海馬迴會隨生存需求而改變

鳥類的大腦也會發生類似的情況，海馬迴會隨著使用的方法與時機而成長或縮小[21]，所以有貯藏習慣的鳥類，海馬迴會比沒這種習慣的鳥類來得大[22]。海馬迴的容量，和鳥類貯藏食物的地點數目及貯藏食物的時間長短有關[23]。舉例來說，西叢鴉能貯藏數千份食物，並把每一種藏在不同地點，當這些「寶貝」已被珍藏好幾個月之後，西叢鴉還是有辦法回到正確地點，將食物找出來（至於我，很多時候就連車子停在哪都不記得）。秋季是貯藏食物旺季，這些鳥類的海馬迴會在秋季變大[24]，等秋天過去再縮回原本的大小。鳥類的海馬迴會隨著牠們的需求而改變，就和退休計程車司機的海馬迴一樣。

鳥類海馬迴不僅會隨食物相關的需求變化，還會對其他

記憶需求產生反應，如記得自己所生幼鳥的所在處【25】。牛鸝（cowbird）等鳥類有「巢寄生」（brood parasitism）的習性，會把卵留在其他鳥類巢中，讓其他鳥兒替牠們扶養後代，自己不必出力。牠們彷彿請了鳥界的全職奶媽，只不過這位奶媽拿不到薪水，還從頭到尾都深信孩子是自己生的。在把卵產在宿主巢裡之前，雌牛鸝會先做點功課，飛來飛去尋找合適的鳥巢，記下鳥巢位置，以便過幾天後回來產卵。紫輝牛鸝的雌鳥會自行去找宿主的鳥巢，觀察紫輝牛鸝的大腦時，會發現雌鳥海馬迴比雄鳥大，想必是為了容納較大量的記憶資源。然而其他品種的牛鸝會雄雌鳥一起尋找合適的巢窩，因此雄鳥與雌鳥的海馬迴大小差異不大。

　　我們也能在田鼠身上看見類似變化，牠們的海馬迴也會隨生存需求而改變。田鼠是一種毛茸茸的小動物，我會在第4章詳細介紹。這種小動物主要有兩種，一種是天性採單配偶制的草原田鼠（prairie vole），另一種則是多配偶制的草甸田鼠（meadow vole）。我們都知道，要和單一伴侶在一起，就會用到一定程度的記憶力；我們必須記得對方的生日與各種紀念日、對方的喜好、親朋好友與同事的名字等。想像一下，如果自己有5個甚至是10個配偶，會是怎樣的場景。你的伴侶越多，該記得的資訊就越多，記錯的話我們還會受到懲罰（你如果在南希生日當天送露西生日禮物，那就吃不完兜著走了）。我們可以在田鼠身上觀察到，海馬迴大小似乎與「婚姻狀態」

有關，會隨著性伴侶的數量改變：相較於單一伴侶的草原田
鼠，處處留情的草甸田鼠海馬迴較大。此外，牠們海馬迴的大
小也和活動範圍相關，相較於所有伴侶都在附近活動的田鼠，
伴侶們活動區域較分散的田鼠海馬迴較大[26]；田鼠在找不同
女伴時走的距離越遠，海馬迴也就越大。較大的海馬迴想必有
助提升空間記憶力，幫助田鼠成功地在多個伴侶之間遊走。那
麼，海馬迴的發達程度，是否有助田鼠展望未來，進而幫助牠
們邂逅更多佳人？

▌ 海馬迴的目的是模擬未來

「心理時間旅行」一詞，最先是由加拿大心理學家安道
爾・涂爾文（Endel Tulving）提出，指的是我們回顧過去及想
像未來的能力。涂爾文認為這兩種能力有一定程度的關係：
它們仰賴相同的認知與神經機制[27]。他在1985年發表了K・
C的案例，描述一位罹患失憶症的病人，不僅無法回憶過去，
還說不出他預期自己一年後、一周後甚至是一天後會做的
事。當別人問起他的過去或未來時，K・C表示自己腦中一片
空白。這個病人的額葉與顳葉受損，海馬迴也受到損傷。20
年後，愛蓮娜・馬奎爾（針對倫敦計程車司機做實驗的科學
家）為腦部僅有海馬迴受損的失憶症病人做了檢查，發現那
些病人和K・C一樣，無法詳細地建構未來情境[28]。在海馬

迴無法正常運作的情況下，病人似乎困在一個時間點，無法
回顧過去，也無法在腦中探索未來。

　　而差不多在這段時期，心理學者唐娜・阿迪斯（Donna
Addis）與丹尼爾・夏克特（Daniel Schacter）在哈佛大學做
了一系列的大腦成像研究，發現人們無論是在回顧過去或想
像未來時，海馬迴都相當活躍[29]。他們提出，人類演化出海
馬迴的目的並不是提取記憶（這是人們過去的猜想），而是
模擬未來。

　　為了推測未來可能發生的事，人類必須取用之前存在大
腦中的資訊，而海馬迴在這些程序中都扮演重要角色──它
會編譯我們生活中的事件、將資訊儲存起來、提取資訊，以
及想像未來。它能將片段的訊息拼湊起來，在我們的腦中創
建過去與未來的畫面。

　　這麼一說，西叢鴉等演化出出色記憶力的物種，自然也擁
有優秀的展望能力。這也衍生出一個有趣問題：一些鳥類能展
現出基本的「心理時間旅行」能力，那牠們在幻想未來時，也
是戴著玫瑰色眼鏡嗎？想回答這個問題的話，我們就必須採取
較複雜的實驗了。我們不可能直接問鳥類對未來的期望，牠們
沒辦法告訴我們是否期望自己未來健康長壽，所以我們得用其
他方法做研究。梅麗莎・貝茲森（Melissa Bateson）與她在紐
卡索大學（Newcastle University）的團隊，便找到一個好方法
[30]，他們訓練鳥兒在聽到持續2秒的單音（2-s音）時將藍槓

桿下壓，完成後牠們便會立刻得到食物獎勵。鳥兒們獲得獎勵後當然很高興，很快就把短音和正面的結果聯想在一起。研究者也訓練鳥兒在聽到持續10秒的單音（10-s音）後將紅槓桿下壓，之後牠們會在一段時間延遲後獲得食物。鳥兒們不喜歡等食物送來（就像我們到餐廳，得知要等半小時才有位子一樣），所以把10秒長音和負面結果聯想在一起。

鳥兒很快就學到，聽到2-s音以後把藍色槓桿往下壓，就能立刻得到獎勵；聽到10-s音以後壓下紅色槓桿，就能在一段時間後獲得獎勵。牠們必須在聽到聲音之後做出正確反應，否則就得不到任何食物。那現在問題來了：假如鳥兒聽到不長不短、介於2秒和10秒之間的單音，會怎麼做？在聽見持續6秒的單音（6-s音）時，牠們期待的會是好結果嗎？如果是，牠們會壓下藍色槓桿；如果牠們比較悲觀，預期自己得等食物慢慢出現，就會壓下紅色槓桿。

結果是，鳥兒的行為展現出正面的偏差。在聽見不長不短的單音（例如6-s音，甚至是8-s音）時，牠們較常將聲音歸類為帶來好結果的短音，明明沒理由這麼做，牠們還是會壓下藍色槓桿，期待食物立即出現。不過，實驗結果並沒有這麼簡單——只有住在「高級」鳥籠裡的「快樂組」鳥兒，才展現出這樣的樂觀態度。快樂組住在乾淨的大籠子裡，有供牠們玩耍的樹枝，有舒服的水池可以洗澡，還有源源不絕的水可以喝。至於生活沒那麼優渥的鳥兒，則住在較小的籠子裡，沒有玩

具，水池與水源也是時有時無，這組鳥兒的想法就比較務實了。牠們沒有展現出樂觀偏誤，整體而言也能較準確地區分單音的長短。生活困苦的鳥兒就和罹患輕度憂鬱症的人類一樣，展現出「憂鬱現實主義」（depressive realism）（我們會在第6章，深入探討憂鬱症與樂觀心態的關係）：牠們看待周遭世界的眼光較精確，不受樂觀錯覺影響。

▎「展望未來」與「樂觀心態」並重

　　話雖如此，就前瞻思考而言，人類會比鳥類（及其他所有動物）呈現更大的複雜度，關鍵就在人類的大腦額葉。相對於較原始的祖先與其他所有動物，人類較大的額葉是一大特點。由於額葉的快速發展，讓人類可製造工具、為老問題找到新穎的解決方法、規畫達成目標的步驟、能夠用長遠的眼光看待未來，並且最重要的是，讓我們擁有自知之明（self-awareness）的能力。

　　儘管自知之明與展望未來的能力都有顯而易見的生存優勢，但具備先見之明也必須付出巨大的代價──我們都知道，死亡就在未來的某天等著我們。我們知道衰老、病痛、腦力退化與死亡的虛無都是必然，這份認知，可是離「樂觀」十萬八千里，並為人們帶來極大的痛苦與恐懼。加州大學聖地牙哥分校（University of California at San Diego）生物學者阿吉特‧

瓦基爾（Ajit Varkil）提出，光是對死亡的覺知，就會導致演化上的死路[31]，那股絕望情緒理應干擾我們的日常生活，影響生存所需的各種行為與認知功能。然而，人類明明意識到了死亡的必然，為什麼還能存活至今？

在演化過程中，要讓有意識的心理時間旅行能力存續下來的可能性，只有一種：唯有心理時間旅行能力和錯誤的信念共存的情況下，這種能力才有辦法留存下來並傳給後代[32]。換句話說，想像未來的能力，必須和樂觀偏誤同時發展；對死亡的認知，必須和對死亡抱持不理智的否定態度同時發展。在缺乏樂觀偏誤的情況下，能夠有意識地進行時間旅行的大腦，只會構成演化上的阻礙。人類在文化、藝術、醫學與科技方面能有如此傑出的成就，便是因為背後有「展望未來的能力」與「樂觀心態」這個組合，且兩者缺一不可。如果不具備展望未來能力，那麼樂觀心態也不復存在，畢竟「樂觀」的定義就是對未來抱持正面信念；而在少了樂觀心態的情況下，只是擁有展望未來的能力，很有可能令人精神崩潰。

第 3 章

樂觀是一種
自我應驗預言嗎？

大腦如何將預測，轉變為現實？

Is Optimism a Self- Fulfilling Prophecy?
How the Mind Transforms Predictions into Reality

時間是1987年6月，在美國職籃隊伍洛杉磯湖人隊的
更衣室裡，香檳的開瓶聲絡繹不絕。湖人隊剛以4
勝2敗的戰績，擊敗波士頓塞爾提克隊（Boston Celtics），成
為當年球季的總冠軍，之後一直到2008年，塞爾提克隊才會
再次登上總決賽的殿堂。湖人隊的氣氛和塞爾提克隊迥然不
同，1987年的湖人隊，可是史上最出色的籃球隊之一，隊上
成員包括魔術強森（Magic Johnson）、詹姆斯‧沃錫（James
Worthy）與卡里姆‧阿布都－賈霸（Kareem Abdul-Jabbar）
等知名選手，不過將在那晚留名青史的人並不是選手，而是
該隊的總教練帕特‧萊利（Pat Riley）。

　　在贏得冠軍後的歡慶會中，一名記者對萊利提問：萊利是
否相信，湖人隊能成為將近20年來，第一支連得兩次總冠軍的
球隊？上一次創下紀錄的是波士頓塞爾提克隊，但那已經是
1969年的事了，之後就一直沒有球隊能完成二連霸壯舉。那

麼，湖人隊有沒有能耐在一年後再次坐上冠軍寶座呢？

　　「你們能做到嗎？」記者詢問萊利。萊利連眼睛都沒眨一下，斬釘截鐵地回答：「我保證可以。」記者大為震驚，甚至懷疑自己聽錯了。「你保證？」記者重複道。「沒錯。」萊利對他說[1]。萊利以短短的一句話——「我保證可以」，對記者、球員與數百萬名球迷，許下再次奪冠的承諾。

▌湖人隊的二連霸心理招數

　　萊利並不是被這次奪冠沖昏頭而說錯話，因為在許下這個承諾之後，湖人隊馬上展開在洛杉磯市區的勝利遊行活動，而萊利在遊行途中再次對群眾做了連霸的保證，那年夏天與1987年至1988年球季，他也一再地重複這句話。「在帕特構思出來的各種心理招數中，這應該是最了不起的一招。」魔術強森在1987年的一次訪談中表示[2]。

　　湖人隊在那一個賽季表現極佳，在萊利做出保證的一年後，他們再次打進總決賽。這回，對手是素有「壞孩子」稱號的底特律活塞隊，渴望首次奪冠的他們當然不肯讓步，於是雙方激戰不休。底特律活塞隊搶先贏下第一場，湖人隊雖然搶下第二、第三場，但活塞隊又在第四、第五場扳回一成。來到第六場比賽時，已經是活塞隊以3勝2敗領先的局面。

　　當時的第六場比賽只剩最後52秒，比分是102比101，由

活塞隊領先。湖人隊強追猛趕，逼得活塞隊明星球員以賽亞・湯瑪斯（Isiah Thomas）投出無望的一球。之後阿布都－賈霸搶到球，在他投籃的同時，活塞隊的中鋒比爾・藍比爾（Bill Laimbeer）被判犯規。阿布都－賈霸投出兩顆罰球都進，贏得比賽，這下兩隊都贏了三場，活塞隊與湖人隊再次展開平手局面。

　　第七場比賽，將會是應驗或推翻萊利那句保證的最終戰。時間到了中場，活塞隊的分數領先，但湖人隊在後半場追了回來，只剩最後6秒時，湖人隊只領先1分，分數是106比105。在那最後6秒鐘，湖人隊又奮力進了一球，以108比105分拿下最後一場，實現萊利的承諾。

　　再次贏得總冠軍、實現諾言後沒過幾秒，萊利再次面對攝影鏡頭，球迷們歡聲雷動。「你們能再贏一次嗎？」記者們問道。「能來個三連霸嗎？」萊利張嘴想要回答問題，但話還沒說出口，體重225磅（約102公斤）的阿布都－賈霸突然縱身跳了過來，只不過他這次的目標不是籃框，而是萊利的嘴。他設法用一隻大手摀住萊利的嘴，不讓教練再做出任何保證。阿布都－賈霸後來坦承，實現萊利那句承諾的壓力實在太大了，他無法再承受一整年的重壓。

　　萊利一次也沒做出「三連霸」的保證，而在第三年的總決賽，洛杉磯湖人隊再次對上底特律活塞隊，只不過這回活塞隊連贏四場、拿下總冠軍。在那之後，42歲的阿布都－賈霸宣布

退休。假若萊利當時許下承諾，湖人隊是否能實現連贏三次總
冠軍的壯舉呢？這個問題的答案，我們永遠都得不到。

▌是預言，還是成因？

湖人隊在1988年擊敗活塞隊奪冠，隔年卻敗在活塞隊手
裡，這背後存在非常多因素。然而，人們會很自然地將最終
的轉折與比賽結果，歸因於萊利在1987年到1988年球季的連
霸承諾，以及1988年至1989年球季沒有做出承諾。

萊利的連霸保證，可說是經典的**自我應驗預言**（Self-
Fulfilling Prophecy）──預言自己會夢想成真。在1987年那
場總冠軍賽結束後，面對記者的提問時，帕特・萊利當然有
不少理由認為湖人隊能在隔年繼續奪冠：他的球隊才剛拿下
總冠軍，是公認的最強隊伍，明年當然很有可能持續競逐冠
位。話雖如此，他的宣言也傳達了一種不容質疑的樂觀態
度，因此使承諾更有可能實現。「帕特做過最棒的一件事，
就是保證第二年還能奪冠。這讓我們做好心理準備，我們只
有更努力、表現得更好，才有可能連莊總冠軍。我們每次進
入球場訓練時都想著自己會衛冕，我們一直都是這麼想
的。」湖人隊後衛貝倫・史考特（Byron Scott）在1988年表
示[3]。

當我們相信一件事不僅可行，還非常有可能實現，就會為

了達到目標而加倍努力。萊利不只是預言將會連霸，更信誓旦旦地做出保證，也讓自己與球員背負更多壓力。湖人隊的球迷期待他們真的能奪冠，所以他們不能讓球迷失望，必須證明總教練說的沒錯，因此魔術強森、賈霸與其他隊員必須刻苦地加倍訓練，比以前表現得更好，才能實現萊利的預言。

「自我應驗預言」，並不是「預知」了未來某件事會發生，而是「造成」了那件事發生。別誤會我的意思，「自我應驗預言」並不是魔法，你沒辦法光憑一句預言就讓球隊奪冠。不是所有覺得自己會成功獲勝的運動員，都能如願抱著冠軍獎盃或金牌回家，因為比賽結果會受到許多因素影響，更何況你的對手也可能同樣胸有成竹。然而，預言還是會影響事件結果，這是因為人們的行為受到他們對現實的主觀看法決定，而非客觀現實。因此，只要我們相信結果會是好的，便會提升那個結果成真的機率。

「自我應驗預言」一詞，是在1948年由美國社會學家羅伯特・莫頓（Robert Merton）提出，莫頓表示：「自我應驗預言是指起初對情境抱持錯誤判斷，卻因此激發了新行為產生，使原本的錯誤判斷變成真實。自我應驗預言會有一種似是而非的正當性，使錯誤無法得以更正。而提出預言的人也會以實際發生之事，作為自己最初便預知未來的證明。」[4]

我們用莫頓的說法，來分析萊利的自我應驗預言吧。萊利宣稱湖人隊在第二年也必能奪冠，在此話說出口的當下，

這句話就是一句空話，畢竟世上沒有任何事會百分之百發生。既然未來總是充滿不確定性，就沒有人能確切知道未來會發生什麼事。因此，萊利的宣言是「對情境**抱持錯誤判斷**」。然而，萊利「激發了新行為」——高強度訓練與破釜沉舟的心態——導致第二年的連霸，「使原本的錯誤判斷變成真實」。在實現承諾後，萊利也許相信自己打從一開始就說對了，畢竟「提出預言的人也會以實際發生之事，作為自己最初便預知未來的證明。」但這麼看來，使連霸衛冕這個結果變得非常有可能發生的，其實是預言本身。

「自我應驗預言」是效果強大的一種現象，我們能看到「期望」對於教育、種族偏見與金融市場，甚至是身心健康與早逝的影響。過去，甚至有人用「自我應驗預言」，把一匹德國種馬變成數學天才。

▌會算術的聰明漢斯

1904年9月4日，《紐約時報》刊登了一篇標題為：「柏林的驚奇一匹馬：除了說話以外，牠幾乎什麼都做得到！」的報導[5]。這匹不可思議的馬，是德國一匹名為漢斯（Hans）的種馬，後來又被稱為「聰明漢斯」（Clever Hans）。牠的主人威爾海姆‧馮‧奧斯坦（Wilhelm von Osten）是名教師，退休後決定教漢斯數學與德文。馮‧奧斯坦相信自己在教室裡用得

爛熟的教學技巧能套用在任何人身上，甚至可以用來教育馬匹。他花了4年站在黑板前教漢斯識字、拼字、算數、記日期、看時鐘等，而漢斯就用右前蹄回答各種問題。舉例而言，在面對複雜的數學問題時，漢斯會用腳蹄蹬地，以蹬地次數回答問題。拼字也是用類似的一套系統：馮・奧斯坦在黑板上寫出所有字母，漢斯會用特定的蹬地次序挑選字母。漢斯認得不同的人，能用複雜的德文系統拼出那些人的名字。

　　無論是專家或大眾都對此嘖嘖稱奇，《紐約時報》更在文章中寫道：「本報導中的事件並非異想天開，都是真實觀察所見，科學與軍方權威皆可證實。」[6]一匹馬，真的能做到加減乘除、看懂時間與拼字嗎？還是說，牠不過是受了特技訓練罷了，和在馬戲團表演的動物毫無差別？世界各地人們都對牠湧起一股好奇心，很想知道問題的解答──漢斯真的擁有令人難以置信的智商嗎？

　　1094年10月2日，在最初那篇報導刊登將近一個月後，《紐約時報》發表了追蹤報導：「追查聰明漢斯：專家團體認為，那匹馬確實有推理能力。」[7]由醫師、動物學者、生理學者與馬戲團馴獸師所組成的專家委員會達成共識：漢斯並不是單純學了些馬戲團裡的把戲，而是受到與學童相同的教育。漢斯似乎真的具有一定程度的智力，即使提問的人不是主人，還是能給出正確答案，甚至在面對主人沒教過的科目時，也能回答問題。委員會得到的結論是，倘若將動物當

．

人類對待，牠們也能像人類一樣思考。

委員會將觀察結果交給德國心理學者奧斯卡‧芬格斯特（Oskar Pfungst），但芬格斯特並不認同他們的看法，他決定親自測試一下這匹所謂的「天才馬」。在仔細研究後，芬格斯特發現漢斯幾乎能正確回答所有問題，但有兩個前提：第一，提問者本身必須知道答案；第二，馬必須要能看見提問者。在滿足這兩個條件時，漢斯正確回答了89％的問題，不過在其中一個或兩個條件都未滿足的情況下，漢斯的答題率瞬間掉到16％。這究竟是怎麼回事？

芬格斯特總結道，漢斯實際上是在對提問者下意識的肢體動作做出反應，在聽到問題後開始蹬地，當蹬地的次數接近正確答案時，提問者會不由自主地全身緊繃、表情緊張，在無意中表露了期待。當漢斯蹬地的次數到達對方預期的數字時，提問者的動作與神情會再次改變，由緊張轉為放鬆，漢斯捕捉到這樣的訊號後就會停止蹬地。換言之，漢斯並不知道問題的答案——牠沒有做出複雜的數學運算，也不知道時間是1月還是12月，更不知道當天是星期一還是星期四。在4年枯燥乏味的訓練中，漢斯只學到要對主人的身體暗示做出反應、討好主人，這對一匹馬而言，已經是了不起的成就。

馮‧奧斯坦相信自己能教漢斯德文與數學，也認為自己能教馬兒正確回答口頭提出的問題，而他的期望對馬兒產生影響。漢斯並不是照主人所想的方式完成任務，牠沒有在腦

中提取馮・奧斯坦教牠的資訊，而是（在不為人知的情況
下）受到訓練，看見面前的人做出特定的肢體動作時，就會
停止蹬地。儘管如此，結果還是一樣：這匹馬提出了正確答
案，也就是馮・奧斯坦期待牠給出的答案。

▌畢馬龍效應

　　對人類而言，在社交層面傳達的期望，對我們的影響更
深。1960年代晚期，哈佛心理學家羅伯特・羅森塔爾（Robert
Rosenthal）與舊金山一所小學的校長萊諾爾・雅格布森
（Lenore Jacobson）合作進行研究，以非常有趣的方式展現出
自我應驗預言的力量[8]。他們想研究教師的期望對學生表現
的影響——就算是毫無根據的成見，也能影響學生的學業表
現嗎？

　　羅森塔爾與雅格布森，隨機從雅格布森的學校選了一群
學生，對教師們聲稱這些是一群智力出眾的孩子，但這其實
是假的，沒有任何數據顯示這些學生和其他學生的表現有任
何差異。

　　儘管如此，到了年底，虛假的預言成了現實。所有學生
都在期初做過一次智力測驗，被羅森塔爾與雅格布森（隨
機）挑選出、聲稱智力高人一等的學生，在期末智力測驗
中，得分比期初和他們分數相當的人來得高，他們在這一學

年的進步程度超出一般的進步幅度。這些學生和魔術強森、
阿布都－賈霸與聰明漢斯一樣，實現了他人對他們的期許。

研究結果相當明顯：**人類會深受他人的期望影響**。當你
期待員工表現得好，他的生產力便會提升；當你期待配偶對
你更加關愛，她就會對你愛得更深；若你相信自己的孩子有
天分，他在學業與體育方面的表現會較佳；當你對孩子的能
力抱持負面期待，那孩子就會表現得較差。就連青少年飲酒
的行為，也受家長期望影響【9】。

雅格布森學校裡的教師們到底做了什麼，讓學生的學業表
現發生如此明顯的提升呢？羅森塔爾找出教師們幾種可能是影
響學生表現的行為：教師們花在「優秀」學生身上的時間較
多，他們會給這些學生較詳盡的回饋，也比較會鼓勵「優秀」
學生在課堂發言。整體而言，教師們對待這群「優秀」學生的
方式就是不一樣，結果孩子們還真的表現得比較優異。羅森塔
爾與雅格布森將他們的研究發現稱作**畢馬龍效應**（Pygmalion
effect），典故出自愛爾蘭劇作家蕭伯納（George Bernard
Shaw）的戲劇《賣花女》（*Pygmalion*）。《賣花女》是經典
的改造變身故事，在故事中，教授將一名勞工階級女孩，改造
成一位上流階級的名媛。

羅森塔爾與雅格布森的「畢馬龍效應」研究中，他們隨
機為孩子們貼上標籤；但在現實生活中，無論是教師或我們
其他人，都會對孩子們抱持相對穩定的成見，而這些成見大

多沒有真正的根據。教師會基於學生的種族、性別、文化、社經階級甚至是外貌美醜，對他們的學業成就做出先入為主的預測[10]。這麼做很危險，因為前面才剛提到，師長的預期很可能會影響孩子的表現，最終改寫他的未來。甚至有人認為，「畢馬龍效應」是導致智力測驗、學業平均成績與大學學業成就方面出現性別與種族表現差異的重要因素。

刻板印象的力量

　　刻板印象也是一種「自我應驗預言」，能深深影響並塑造一個人對現實的認識，尤其是當很多人都抱有相同期待時更是如此。人們會做出符合族群刻板印象的行為，是因為社會會基於刻板印象對個人的行為做出預測，並以符合該預測的方式和個人互動。我們以湯姆與羅伯為例：他們兩個都是華府一所小學的學生，身高體重差不多，學業表現平平無奇，兩人都受同儕與師長喜愛。湯姆是黑人，羅伯是白人。起初，湯姆與羅伯的體能表現差不多，兩人跑得一樣快、跳得一樣遠，投籃成功機率也差不多。然而，所有人都基於湯姆的膚色，認定他的籃球應該會打得比羅伯好，所以比起羅伯，同學們更喜歡和湯姆一起打籃球，教練也會特別關注他，也會特別糾正他的動作，他的爸媽也鼓勵他放學後在球場上多多練習……後來，湯姆真的成了一位比羅伯更優秀的

籃球員。人們起初認為湯姆籃球打得比羅伯好，這雖然是個毫無根據的信念，但這個刻板印象卻成了「自我應驗預言」。結果，湯姆自己也成了「黑人籃球就是打得好」的案例之一，進一步加強了會一再自我應驗的成見與刻板印象。

刻板印象會不斷加強，不僅是因為它們影響了人們對個人的態度與行為，也是因為個人往往會迅速變成符合預期的樣子。一個迅速符合預期的最驚人的例子，是愛荷華州一名小學三年級教師珍‧艾略特（Jane Elliot）的實驗。艾略特帶的班級和愛荷華州其他學校的班級一樣，全體學生都是白人。在1968年4月5日，小馬丁‧路德‧金恩（Martin Luther King, Jr.）被槍殺的隔天，艾略特想讓學生體驗因種族而被歧視的感受，於是請學生一起玩一場「遊戲」。在遊戲中，孩子們被依照眼睛顏色分成兩組，艾略特表示藍眼學生的地位低於棕眼學生，她說藍眼學生智力較低、學習速度較慢，因此應受到不同待遇。接下來每到下課時間，藍眼學生必須等到所有棕眼學生離開教室後才能出去休息，而且他們還不准和「高等的棕眼學生」溝通。

在艾略特宣布遊戲規則後，孩子們的表現立刻產生變化，棕眼學生變得較有自信、藍眼學生變得較怯弱。不僅如此，孩子們的閱讀與寫作能力也出現突如其來的變化：艾略特發現，棕眼學生的讀寫能力忽然進步了；藍眼學生的表現則退步了。第二天，艾略特調換兩組學生的地位，現在輪到

藍眼學生高人一等。在短短數分鐘內，孩子們適應了自己的新角色，現在輪到藍眼學生強勢霸道、棕眼學生害怕氣餒了。艾略特在這兩天都讓學生做了拼字測驗，發現在自己的群體被視為優等群體那天，孩子們的表現比較佳。

　　珍‧艾略特的學生是對權威人物明言宣布的期許做出回應，在老師說他們愚笨時，他們立刻有了愚笨的表現；而在老師說他們聰明時，他們就表現得聰明。也許會有人說，這是因為小孩子很容易受暗示影響，大人有成熟且完整的自我認知，就不會那麼容易受擺布了……吧？

　　事實上，成人不僅會和艾略特的學生一樣，迅速做出符合預期的表現，還會在沒有明確意識到他人的期待時，做出這種符合預期的改變。我的同僚——認知神經科學家莎拉‧本特森博士（Dr. Sara Bengtsson），想探討大學生是否會受「聰明」「智慧」「機靈」或「愚蠢」「遲鈍」「傻憨」等詞彙影響，在認知測驗的表現上發生變化。她給每個實驗參與者「聰明」或「遲鈍」之類的一個詞語，接著請他們完成各式各樣的認知測驗。過程中發現拿到「聰明」的學生，表現得比拿到「遲鈍」的學生佳[11]。本特森僅僅是給了參與者和他們真實能力無關的資訊，便能影響人們對自身表現的期待——和真實能力無關的資訊，在不知不覺中調適了人們對自己的期許，進而改變他們的表現。

　　同樣地，當我們提醒一個人他是某個群體（如性別或種

族）的成員時，與那個群體有關的刻板印象就比較容易影響他們的行為。舉例而言，在考前被提醒性別的女性，在接受數學測驗時分數較低[12]。當我們提醒女性她們是女性時，就會在她們的潛意識中啟動刻板印象，使其認定女性在數學上的表現較差。這樣的事先提醒會降低女性對數學考試表現的期待，令她們接受刻板印象，結果表現得較差。再舉一個例子：在強調種族時，非裔美國人在智力測驗中的表現顯著不如白人；但在沒有刻板印象威脅的情況下，他們的表現和白人一樣好[13]。

　　無論是莎拉・本特森的研究或珍・艾略特的實驗，都顯示刻板印象驚人的影響力，以及這股影響力的靈活性。新的期待能迅速蓋過舊的期許，很快地改變人們的行為。而這種靈活性無疑是相當鼓舞人心的，意味著只要透過引導干預的方式，或許就能扭轉刻板印象對個人表現的負面影響。

▌從失敗的預測中學習

　　期望，是如何影響人腦運作的呢？本特森的研究，提供了一些有趣答案。她在對志願者進行「聰明」或「遲鈍」的研究同時，也對他們的大腦做了功能性核磁共振造影（functional magnetic resonance imaging，fMRI）。功能性核磁共振儀不僅能顯示大腦結構的圖像，還能提供大腦運作的

相關數據，幫助我們瞭解大腦運作方式。當大腦某個區域的神經元活躍起來時，會消耗較大量的氧，而身體的反應是會將更多血液送往那個區域，提供血紅素（hemoglobin，能吸收與釋放氧的「儲氧分子」）。接著，該區域的去氧血紅素（deoxyhemoglobin）與氧血紅素（oxyhemoglobin）濃度會發生變化，改變造影儀掃描到的核磁共振圖[14]。所以，如果一個人躺在功能性核磁共振儀裡聽鋼琴家拉赫曼尼諾夫（Sergei Vassilievitch Rachmaninoff）的〈第二號鋼琴協奏曲〉、嘻哈音樂團體黑眼豆豆（Black Eyed Peas）或靈魂樂歌手阿爾・格林（Al Green）的歌曲，造影儀會記錄下大腦聽覺皮層（auditory cortex）的血氧濃度相依對比（blood-oxygen-level-dependent，BOLD）的訊號變化——這表示，在聽音樂時，大腦的聽覺皮層會比較活躍。

　　本特森的實驗數據顯示，參與者在得知自己出錯時，大腦的反應會根據之前拿到的「聰明」或「遲鈍」的詞彙而有所不同。在測驗前拿到「聰明」一詞的參與者在出錯後，內側前額葉皮質（medial prefrontal cortex）會較活躍，不過給出正確答案時大腦並沒有這種反應，事前拿到「遲鈍」一詞的人就算答對答案也不會有這種反應[15]。

　　額葉皮質（frontal cortex）是大腦中一個大區塊，包括結構與功能迥然不同的分區，同時也是大腦最晚才發展的區塊，演化上較原始的動物就沒有這個腦區。很多非人類動物都有額

葉，不過沒有人類發展得這麼完整。相較於大腦其他區塊，在
人類演化過程中，額葉增大的程度實在不成比例。我們相對其
他動物腦容量較大，主要就是多虧額葉的發育[16]。

額葉對於語言、**心智理論**（theory of mind）等人類特有
的功能來說，扮演十分關鍵的角色。「心智理論」，是我們
揣測他人想法的能力；當你揣想著「主管知不知道我沒按時
交件，是因為昨晚出去玩了？」就是用到這種能力。「心智
理論」包括思考其他人知道什麼、評估他人的動機與感受，
以及思索其他人對我們的期望[17]。

「心智理論」不過是需要動用到額葉功能的諸多腦程序
之一，額葉還和「管控功能」（executive functions）等許多
高等心智程序有關。「管控功能」允許我們設下未來的目
標，並找到能幫助我們達成那些目標的行動。只有在額葉正
常運作的情況下，我們才能預測哪些行為會導致哪些後果
（「今晚出去玩，我就會錯過交件期限」）、區分我們要的
後果與不要的後果（「按時交件很好；被開除很糟糕」），
以及推動能導向好結果的行為（「今晚乖乖待在家趕工」）
[18]。很多時候，大腦會傳達互相矛盾的輸入資訊，這時額葉
就必須區分這些矛盾的欲望，抑制那些它預期會導致壞結果
或社交上不被接受的結果之行為。1

我們無時無刻不在面對各種互相衝突的需求與資訊。在
一天漫長的工作結束後，我們只想回家，捧著一包鹽味洋芋

片，看著沒營養的電視節目；但與此同時，心裡卻有一道聲音告訴我們，還是去趟健身房比較好[19]。[2]要想找到解決矛盾的方法，就必須找出不同行為會導致的後果，並據此引導自己的思想與行為。功能完好的額葉會抑制與壞結果相關的行為，並推動與好結果相關的行為。

在本特森的研究中，參與者拿到「聰明」一詞之後預期自己會表現得好，但在提出錯誤答案時，這個結果不符合他們原先的預期；事情的結果（出錯）與預期的結果（在測驗中表現優異）互相矛盾，導致額葉產生不協調的訊號。當大腦沒得到預期的結果時，會匆忙尋找事情出錯的原因，而額葉的訊號可能就是在調整大腦對事情的注意力，它在警告大腦：「注意，注意！情況不對勁。」[20]這個訊號之所以重要，是因為它能幫助我們學習。從錯誤中學習是將自身行為朝最佳表現方向調整的關鍵，所以當我們更加注意自己犯下的錯誤時，下次接受測試就會表現得更好。

然而，參與者如果事先拿到「遲鈍」一詞，當在測驗中出錯時，額葉皮質並不會特別活躍。這些參與者預期自己會

1　額葉並不會獨自完成這些複雜的計算，而會從其他許多腦區獲取關於行為價值的重要資訊──其中紋狀體（striatum）、杏仁核（amygdala）等皮質下（subcortical）區塊，會參與處理動機與情緒的過程。
2　這是互相衝突的兩種欲望，研究者認為衝突的訊號會發生在額葉中名為「前扣帶迴皮質」（anterior cingulate cortex）的區塊。

表現不佳，因此沒有任何驚訝或矛盾的表現，大腦沒有產生
「注意！你答錯了」的訊號，所以他們不會從錯誤中學習，
隨時間進步的機會也就沒那麼高。這些人本就預期自己會犯
錯，於是他們接受這些錯誤，沒有試著調整自己的行為以求
取更好的成績。

　　一般而言，我們的額葉會居間調整計畫與行動，以便達
成我們為自己所設下的目標。這也許是完成報紙填字遊戲或
為朋友煮頓大餐之類的短期目標；也可以是在4小時內跑完馬
拉松或學會彈吉他之類的中期目標；也可以是取得事業成
就、當個好家長或變得幸福之類的長期目標。我們朝這些目
標邁進的過程會受大腦管控，大腦會將我們的行為與預期的
結果配對起來，當我們偏離為自己設下的道路、當行為不符
合預期的結果時，大腦會快速地產生想法與行動，試圖讓我
們回歸原本路線。如果我們預期自己可以升遷，結果卻在同
一個職等卡了好幾年，放眼望去也不見任何工作上的變化，
那我們也許會稍微停下來，思索究竟是哪裡出錯了。我們可
能會重新評量自己的行為，找出可以導向好結果的新行動，
也許是多加班，也許是請主管分配更多任務給我們。最終，
這些行為將有可能導引我們預期且渴望的升遷機會。

　　然而，如果我們不預期自己有升遷機會，就會繼續照原
本的規律工作下去，那沒有升職也不奇怪，且我們也不會去
注意到自己一直停滯不前。如果大腦得到了它預期的結果，

那額葉皮質就不會產生不協調的訊號，大腦也將不會試圖調整我們的行為。如果我們不嘗試改變，自然也不會達成什麼改變。

▌悲觀者死得早

各位也許會說：「正面期待是有可能導向好結果沒錯，但如果結果不好呢？」當然，我們總不可能事事順心如意，正如滾石樂團主唱米克・傑格（Mick Jagger）所唱的：「很多時候，我們連自己需要的東西都得不到了。」更不用說是想要的東西。那這時該怎麼辦？難道美好的期望，最後就只能導向失望嗎？既然如此，我們不是該降低期望，以免自己受到巨大打擊嗎？

「沒有期望，就沒有失望」的概念，被稱為**防衛性悲觀**（defensive pessimism）。問題是，降低期望並不會減輕失敗的痛苦；負面期望不僅會導致較差的結果，且當我們遭遇這些負面後果時，負面期望也沒辦法讓我們免於負面情緒的影響。舉例而言，一群學生參加一場大學部心理學考試，對自己的表現期望較高者看到自身成績不佳會難過；而對自己期望較低者看到成績不佳也將同樣沮喪，並不會比較開心[21]。

不僅如此，負面期待還可能會把我們活活害死。我們以彼得與詹姆斯為例：彼得是個40歲的投資銀行業者，詹姆斯

則是42歲的企業律師。一個陽光明媚的星期日上午，他們兩人都在心臟病發後進了急診室。起初，醫師在診斷後認為兩人的病情相當，預後也差不多。彼得比較樂觀，詹姆斯則比較悲觀，他們對自身病情的看法也符合各自的樂觀、悲觀傾向。彼得相信自己身強體壯，能在一番奮戰後康復，馬上就能回復正常生活。至於詹姆斯，他認定自己陽壽已盡，就算在最好的情況下，他也只能多活個一、兩年，且那一、兩年也會活得十分痛苦。

在一開始，沒有任何證據支持這兩人的預測：沒有客觀理由顯示彼得會迅速康復，也沒理由認定詹姆斯的生命會草草終結、以被送到太平間收尾。然而，兩人的預測卻很有可能會改變他們的行為，進而影響康復的結果，因而成為自我應驗的預言。彼得較有可能採取行動，導致自己如預期般迅速康復（如避免高脂、高鈉飲食，避免壓力大的情境以及適度運動）；詹姆斯預期自己的生命很快就會結束了，所以他較不會有採取這些行動的動力，結果較有可能導致心臟病復發，也讓他英年早逝的預言成真。

從結果看來，像詹姆斯這樣在患病後消極地接受自己將死的人，往往會早逝[22]。詹姆斯和彼得是我自己杜撰的虛構人物，不過他們和1994年一次研究的許多參與者很像——這場研究檢視了一群心臟病發後正在復健的病人，研究者發現，樂觀的病人和彼得一樣較常運動，較有機會降低體脂

率，也較有機會降低整體的心臟病發作風險。另外，這些人也比較會去攝取維他命，並減少飲食中脂肪攝取量[23]。結果就是，樂觀的病人活得比較久[24]。

　　至於悲觀的人呢，他們往往死得早。一篇研究追蹤了1000個健康的人，持續追蹤50多年，發現悲觀者早逝機率比樂觀者高。那些可憐的悲觀者，究竟是被什麼害死的？悲觀主義者顯然較有可能會在意外與暴力事件中早逝，這些事件也許是車禍、溺水、職場意外或凶殺。這些人只是悲觀了點，怎麼會遭遇如此悲慘的死亡事件呢？這是因為悲觀主義者認為自己能失去的東西也不多，所以也較會去從事高風險行為[25]。

　　樂觀主義者為自己想像了一個美好的未來，不願意讓自身生命就這麼消失。樂觀心態與健康之間存在正相關，之所以有這層關係，是因為樂觀主義者會選擇性地冒險，只有在潛在健康問題微不足道與／或不太可能影響他們時，他們才願意冒險[26]。這些人並不會擔心手機講太久會長腦部腫瘤，因為這兩件事之間不存在受過證實的關聯，不過他們知道有許多研究證實抽菸是肺癌成因之一，所以這些樂觀主義者較不會抽菸[27]。換句話說，樂觀主義者會把本身心理與身體上的資源，用在面對比較顯著的威脅上。

　　樂觀主義者，從定義上來說就是對未來懷有正面期待的人，他們期望自己過上好生活、和他人建立並保持良好關

係，並且事業有成、身心健康、幸福快樂。樂觀主義者預期自己能過得更好、活得更健康，所以主觀上他們沒太多理由擔憂與絕望，因此比較不會焦慮；在面對墮胎或分娩、癌症或愛滋，甚至是醫學院或法學院生活等壓力因子時，他們也調適得比較好[28]。因為上述種種因素，這些樂觀主義者能賺到更多錢──一個人就讀法學院第一年的樂觀程度，能用來預測他在10年後的收入；在樂觀尺度上高僅僅一分，就等同每年多賺3萬3000美元[29]。

　　無論是源自內心或來自外界的期望，都能使人擁有目標，並持續堅定地朝目標前進。這種行為最終能提升目標化為現實的機率，讓洛杉磯湖人隊連兩年奪冠、讓聰明漢斯學到獨一無二的技藝，也幫助彼得在心臟病發後活得長長久久。如果我們原本滿懷希望的預期落空了，那我們只要像本特森的實驗參與者一樣，從錯誤中學習、再試一次就好。俗話說：「結局好，一切都好」，如果情況還不好，那想必是還未走到結局。

第 4 章

個人樂觀與大眾絕望

歐巴馬與好萊塢童星的共同點

What Do Barack Obama and
Shirley Temple Have in Common?
When Private Optimism Meets Public Despair

記得某一年，有家報紙的頭條標題是：「樂觀潮席捲全國」。這個標題所言不假，當時調查顯示，80％的美國人對接下來的4年抱持樂觀態度；63％的美國人相信個人的財務狀況將會好轉；71％的美國人相信總體經濟狀況會變好；65％的美國人認為失業率將會下降【1】。那時美國到處瀰漫著樂觀情緒，而且這種現象不只停留在美國這片「自由的土地」上，不久後這把希望之火還傳到西班牙、義大利、德國、法國，甚至是人民以憤世嫉俗著稱的英國。樂觀心態從歐美漂洋過海，傳播到印度、印尼、日本、墨西哥、奈及利亞、俄國、土耳其、智利、中國、埃及與迦納；根據調查，迦納人是其中最樂觀的一群。接受英國廣播公司（BBC）與市場調查公司全球掃描公司（GlobeScan Incorporated）所調查的1萬7000人當中，有四分之三的被調查者預期未來會發生正面改變；而東亞、拉美、西非與伊斯蘭世界的17個國家，有15國認為不久

後的將來會相當美好。

當時到底發生了什麼事？為什麼全球各地的人們，都產生如此廣泛又難以撼動的正向盼望？是在什麼時候，人們受到了鼓舞呢？歷史上究竟曾經發生了什麼事件，促使人口近3億400萬的國家中，有80%的人抱持樂觀態度，且一併感染全球各地的人？各位不妨來猜猜看。是1990年代，美國與全球許多金融市場蒸蒸日上的牛市盛況？是在柏林圍牆倒塌後不久，當時民主制度幾乎席捲世界，且世界各地的人都開始使用網際網路的那個時候？難道是在第二次世界大戰結束後，因為全球各地數億人終於能放下忐忑的心，所以樂觀與快樂就這樣擴散到全球？還是說，是1969年人類初次登月成功，所以大家把對未來的希望推向高潮——因為人類覺得終於征服了世界？

▎ 越艱困，越依賴樂觀心態

答案是：錯、錯、錯。在金融市場穩定、經濟成長、科學與科技達到新成就，甚至是世界和平之時，樂觀心態都沒有以前所未見的方式席捲世界——樂觀心態達到高峰時，反而是全球經濟嚴重蕭條的時期。在當年，美國更是面對特別艱苦的日子，那或許是美國經濟史上最糟糕的時期之一，僅次於1930年代初期的經濟大蕭條。除此之外，當時反恐戰爭打得火熱，許

多美國軍人都在伊拉克打仗。時間是2008年底，樂觀心態達到高峰，世界各地的人們紛紛抱持正面態度。

讀到這裡，你可能已經猜到在那段陰翳時期，究竟是什麼原因，為美國人民帶來希望：答案是一位在夏威夷出生、育有兩個孩子的47歲男人，《歐巴馬勇往直前》（*The Audacity of Hope*）的作者──美國第一任非裔美國人總統，巴拉克·歐巴馬 [2]。只憑一個人，怎麼有辦法鼓舞這麼多人、為這麼多人帶來希望？值得注意的是，當時的人們不是對自身**個人**的未來懷抱希望（我們現在知道，這本來就是人類的天性），而是對整個國家、整個世界的未來，懷抱希望（從我後續的介紹將可以看出，這是十分罕見的狀況）。

許多記者紛紛上街頭找答案，《金融時報》知名記者大衛·加德納（David Gardner）亦是其中之一，他訪問一般民眾，為何歐巴馬令全國充滿希望。「他為華府──尤其是白宮──帶來一套不同的價值觀和觀點，這些是我們過去8年，沒在華府看到的。」一名女性表示。又一名受訪者認為，瀰漫全國的樂觀心態，應歸功於歐巴馬「對各種不同想法的大方包容，還有他願意接受建議的開放態度」[3]。歐巴馬的政見確實是以「改變」為基礎，他身為美國第一任非裔美國人總統，象徵的不只是少數族群──而是全體的進步。他的思想與治國計畫將帶來改變，有機會把美國導向降低貧富不均、市場穩定、國際關係良好等道路上。除此之外，他的言行舉止都顯得

可靠、可信，許多人認為他和前任總統形成鮮明對比（「他和小布希〔George W. Bush〕不一樣。」有一人如此表示），以上都可能是令人民對未來抱持樂觀期望的理由。

然而，這並非故事的全貌。假設當時的美國沒有深陷慘烈的金融危機泥沼之中，人們還會如此樂觀、如此滿懷希望嗎？假如當時沒有每天平均數百人在軍事衝突中喪生的慘況，埃及、中國、俄國與迦納的人民還會全心全意地相信未來會更好嗎？答案很諷刺：不會，就如一名受訪者所說：「歐巴馬不能不成功。他必須成功，因為現在全世界都指望他了。」[4]

不是只有在動盪不安的時代，人們才會對新總統充滿期待。在2000年大選過後，美國有49％的民眾相信小布希能成為表現卓越的總統；待他的第一屆總統任期結束，卻只有25％的民眾認為他的表現確實卓越[5]。當東尼・布萊爾（Tony Blair）當選英國首相時，60％的英國人相信國家正在進步中；等到他離開唐寧街十號（英國首相官邸）時，還抱著這種信念的人只剩40％[6]。無論歐巴馬最後是否不負大眾對他的厚望，事實上，人們的樂觀期待之所以遠高過基準值，很可能不是因為歐巴馬有多優秀，而是因為人民迫切需要聽到好消息。

在艱困時期，人們會比和平時代更加依賴樂觀心態。面對生活中的種種困苦，我們會焦急地尋找任何一點小確幸，

而歐巴馬正好提供了人們所需的那一片柳暗花明。他在就職演說中，毫不避忌地點出時代的艱辛：

眾所周知，我們正處於危急存亡之秋。我們的國家正在戰鬥，對手是充滿暴力與仇恨且影響深遠的網路；我們的經濟狀況非常羸弱……人們失去家園、失去工作，企業連連倒閉。我們的醫療服務太過昂貴；學校教育系統辜負了太多學生；而每一天都有新的證據顯示，我們使用能源的方式反而助長了敵對勢力，同時也威脅到我們所住的這顆星球[7]。

不過除了當前的困苦之外，他還描繪了心目中充滿希望的未來：

前方的道路會很長，上攀的路途會很陡，我們可能沒辦法在一年，甚至是一段時期之內就到達目的地。但是，美國啊，今晚我心中充滿了希望，深信我們能走到那裡……美國可以改變，我們的聯邦制度能變得更加完美。我們已經達成的成就，為我們帶來了希望。我們將來不僅能夠，也必會達成更多的成就[8]。

▌催產素提升，使人信任希望

　　當時全球有無數人藉由電視、收音機、網路，或是現場聽見歐巴馬這段勝選宣言。假如你是眾多聽眾或觀眾之一，請試著回到那一刻。你會怎麼形容自己當時的情緒反應？當時的你，心裡產生什麼感受？「我感覺到有一股暖流湧過胸膛，然後喉頭就開始哽咽。」一名加州大學柏克萊分校（University of California, Berkeley）的學生，如此描述自己的反應。那時的你，也同樣有這種感覺嗎？柏克萊分校的科學家，將這種感受稱為**提升**（elevation）。

　　維吉尼亞大學（University of Virginia）心理學者強納森・海特（Jonathan Haidt），致力研究「提升」這種情緒。他將「提升」描述為憤世嫉俗情緒消失、希望與樂觀油然而生的感覺[9]，也提出這種情緒背後可能的生理機制。根據海特的說法，在產生「提升」情緒的情況下，迷走神經（vagus nerve）受到刺激，接著會刺激身體釋放催產素（oxytocin）[10]。迷走神經是我們的12對腦神經之一，一端連到腦幹——腦部在演化上歷史久遠、在調節維生功能方面無比關鍵的一個部分——另一端則延伸到頸部、胸部與腹部，能將感官訊息傳到腦部，反映身體的內部狀態；也能將訊息從腦部傳送到身體其他部位。海特指出，當迷走神經受到令人產生「提升」感的事件刺激後，會使身體釋放催產素。

　　想想你上次擁抱某人、懷抱嬰兒、撫摸小狗或發生性愛的時候，在那些情況下，你的體內都在釋放催產素。催產素是在下視丘（hypothalamus）產生（位於大腦底部，能分泌神經激素），貯存在位於下視丘下方、能分泌激素的腦下垂體（pituitary）裡；在受到上述刺激時，催產素會被釋放到血液中，並且和大腦中的受體結合，其效果在負責處理情緒與社交行為的腦區會特別突出。

　　當體內催產素濃度高時，我們對社交刺激的疑慮會下降，能較有自信地將笑容解讀為正面訊號，進而降低社交焦慮，促使我們表現出親近行為（approach behavior）。在一次大腦成像的研究中，實驗參與者被施予催產素後，立刻看了一張張傳達不同情緒的臉。在被施予催產素後，這些參與者能較輕鬆地解讀他人的表情，結果負責處理社交訊號──尤其是模稜兩可的訊號──的杏仁核較不活躍[11]。

　　由於社交壓力與不確定感減少，再加上親近行為增加，人與人之間的信賴感就會有所提升。既然如此，那人們在被施予催產素後，會不會較願意相信陌生人呢？為測試這個假設，科學家採用他們最愛用來測試信賴程度的方法，也就是所謂的「信任遊戲」（the trust game）。

　　遊戲由兩名實驗參與者進行，一人扮演「投資者」角色，另一人扮演「受委託者」角色。我們假設喬是投資者，馬多夫是受委託者。喬和馬多夫一開始各持有20元。身為投

資者的喬可以把一些錢交給受委託者馬多夫，假設喬決定把5元交給馬多夫，在他將這筆錢交給馬多夫時，實驗者便將這筆錢乘以三，於是馬多夫會收到15元。這時，馬多夫可以決定把所有錢留著（那麼可憐的喬就損失5元），也可以把一些錢還給喬；最公平的做法就是給喬超過5元的一筆錢，如還他7元。至於喬呢，他就只能相信馬多夫會公平地對待他，等著錢進帳。

在實驗室讓受試者們玩信任遊戲時，科學家發現喬經常選擇相信馬多夫，把錢交給對方[12]。有趣的是，如果在喬的鼻腔裡噴一些催產素，他就更願意信任馬多夫，也更願意把錢交給對方。但事實上，他不該這麼信賴馬多夫的，因為馬多夫並不會因為收到更多資金，就把更多錢還給喬。

那麼，歐巴馬的演說是否刺激了聽眾，讓他們體內釋放催產素呢？看到大眾對他的信賴，我相信當時眾人體內的催產素濃度都有所提升。人們相信歐巴馬——他承諾要為人民帶來更好的未來，於是大眾決定相信這個希望。

在21世紀的第一個10年，美國人民滿懷希望地決定信賴這個首位非裔美國人總統；不過在20世紀的第三個10年，人們選擇信賴的對象卻匪夷所思——那是個有著金色鬈髮、歡快嗓音，以及令人安心的娃娃臉的小女孩，她名叫秀蘭‧鄧波爾（Shirley Temple）。

　　知名童星秀蘭‧鄧波爾在1930年代活躍於大銀幕上，經常在電影裡唱唱跳跳，而她這些令人看了心情愉悅的電影票房極高，勝過當時其他電影明星主演的作品——而且還是正值美國經濟大蕭條，幾乎民不聊生的時代。經濟大蕭條起源於美國，美國股市在1929年突然崩盤，結果演變成全球的經濟危機，世界各地的城市都受到波及。人們的個人所得急遽下滑，美國失業人口忽然多了1300萬人，5000家銀行紛紛倒閉[13]。就如將近80年後的信用緊縮時期，經濟大蕭條時代的人們開始尋找能帶來歡欣的事物，而秀蘭就是在這時填補人民心中的空虛。

　　秀蘭‧鄧波爾的電影和巴拉克‧歐巴馬的演說一樣，反映了時代的艱困，同時也承諾未來會更好。她的電影讓人們覺得美好的未來「即將到來」（just around the corner，這是1938年秀蘭一部賣座電影的片名），我們該「起立歡呼」（stand up and cheer，她在1934年主演的一部電影）。秀蘭的電影都有著相同基調：只要所有人齊心協力、互相照顧，一切都會平安順遂。這句話是不是有點耳熟呢？「在潰堤時收容陌生人；寧可減少自己工作賺錢時數，也不願見朋友失去飯碗，這種無私精神能幫助我們走過最黑暗的時期……我們的成功就仰賴這樣的價值觀，誠實與勤奮、勇敢與公平……這些是古今不變的美德。」[14]秀蘭在電影中傳達的主旨，和歐巴馬樂觀的演說相似，在人們心中引起共鳴。與秀蘭同時

代的美國總統富蘭克林‧羅斯福（Franklin Roosevelt）甚至表
示：「只要這個國家有秀蘭‧鄧波爾，我們就不會有事。」
[15] 那還真是非常樂觀呢。

▌ 全球性悲觀

　　人們在經濟大蕭條時期與2008年經濟大衰退時期，仰賴
樂觀心態的現象其實很有趣，一是因為對比鮮明，也是因為
大眾樂觀傾向（public optimism）相對罕見。普遍來說，個人
樂觀傾向（private optimism，對自身未來的正面期望）及大
眾絕望傾向（public despair，對國家未來的負面期待）都相當
常見。在和平穩定的時代，我們很少會見到如2008年人們對
經濟與政治抱持無比樂觀的態度（71%的人相信經濟狀況會
在來年好轉[16]；四分之三的受訪者預期國際關係會有所改
善）。即使觀察到大眾樂觀傾向，那也往往是曇花一現的事
（如大選後，人們的信心會短暫提升）[17]。

　　大部分時候，人們會預期自己在不久後的將來會發生好
事，同時預期國家的整體情況會惡化。舉例而言，在2008年
金融危機發生前數月，大多數英國人認為國家情勢正在惡
化──不久後，他們會發現自己的預測並沒有錯。但與此同
時，這些人也預期自己在接下來幾年內，個人狀況會往好的
方向前進──其中許多人將會發現，自己在這方面的預測是

大錯特錯【18】。93％的人對本身家庭的未來抱持樂觀態度，卻只有17％的人對其他家庭的未來是這麼認為的【19】。在那年，當被問起自己對英國國民保健署（National Health Services，NHS）的看法時，大多數人都表示自己十分滿意：將近80％的人對自己上次去醫院的經歷感到舒適，65％的人對居住地的國民保健醫療體系感到滿意。但與此同時，大多數受訪者都認為國民保健署面臨危機，且認為保健署內可提供優質的全國性服務的人數比例，不到50％【20】。

　　當年的英國人不僅對本國的國民保健服務抱持悲觀態度，還質疑政府控制犯罪與暴力事件的效力【21】。絕大多數人（83％）相信英國的暴力事件發生得越來越頻繁，但實際上犯罪率從10年前便一直穩定下降，這有一部分是因為用於預防犯罪的全國花費逐年提升。儘管如此，人們對政府阻止犯罪發生的能力卻沒什麼信心，從1997年的63％降到2007年的27％。英國公民似乎很擔心犯罪率上升，將近半數受訪者將犯罪事件評為「英國最令人憂心的三大事項」之一。至於其他國家的國民，似乎就沒那麼為犯罪率操心，只有23％的西班牙人將犯罪事件列為本國最令人憂心的三大事項之一；美國則只有35％的人如此認為。英國人如此憂心，是有什麼特殊理由嗎？他們是不是該大舉移民美國，永遠離開犯罪猖獗的祖國？或許應該這麼做，但他們最該擔心的，並不是犯罪率。

　　我們來簡單檢視一下世界各國的命案發生率。附帶一

提，下列命案發生率，有些包括殺人未遂的數值，有些則不包括，星號標記表示該數值不包括殺人未遂事件。以下是各個國家，每10萬人口的命案發生機率（單位：十萬分之一）：

薩瓦多——71

瓜地馬拉——52

哥倫比亞——35

巴西——22

墨西哥——15

俄國——15

泰國——5.9

美國——5

法國——1.31*

澳洲——1.3*

英國——1.28*

義大利——1.1*

阿拉伯聯合大公國——0.92

日本——0.5[22]

換言之，假設一個英國人決定收拾行囊搬到法國，甚至是澳洲，他反而更有可能在命案中喪生。南美與中美國家的犯罪率最高，以黑手黨著稱的義大利卻顯得相對和平，而英

國在這方面比不上義大利，但命案發生率還是相對低。命案確實只是眾多暴力犯罪的一種，不過還是多少能反映一國的犯罪率。

　　從以上數據看來，英國人似乎高估本國犯罪事件的嚴重性，但這表示他們也都高估**自己**成為犯罪受害者的機率嗎？既然英國人普遍認為犯罪事件是最令人憂心的三大事項之一，人們也認為政府阻止犯罪的能力不如以往，那我們是不是能合理推斷，人們應該非常擔心自身的安危？我和學生決定深入探討這個問題。我們蒐集了成為不同的犯罪事件受害者的機率數據，接著請倫敦人估計自己遭遇各種犯罪事件的機率，想看看他們的估計數值，是否符合實際數據。

　　我們在倫敦市中心的實驗室進行研究，發現人們稍微低估自己成為犯罪受害者的機率[23]。我們請他們估計自己一生中遭遇不同逆境事件──如汽車被偷、遭搶劫、被闖空門與其他創傷事件──的機率，發現從平均數值看來，人們估計的機率，稍微低於官方發表的數字。從我們的研究看來，人們雖然相信犯罪率很高，同時卻也相信自己對這些事件有一定程度的免疫力。國家經濟雖然慘不忍睹，我們還是選擇相信自己會過得不錯；保健服務雖然糟糕，公立學校的教育甚至更慘，但我們本身居住地區的保健服務與學校還是相當好。

　　在2008年由皇家文藝學會（Royal Society of Arts）舉辦的座談會上，政治人物、學者與民調專家齊聚一堂，探討個人

樂觀傾向與大眾絕望傾向之間的矛盾關係。在討論接近尾聲時，觀眾席上一名男子舉手說道：「我不懂，這有什麼好大驚小怪的？民調結果是真的啊，國民保健署真的是亂七八糟，整體服務品質也很差，可是我居住地的地區分部確實表現得很好。」【24】

▌ 樂觀與悲觀之間的轉換

　　為什麼會出現這樣的落差呢？**人們為什麼一再低估自己面對的風險，同時高估社會上其他人面對的事態嚴重性？**我們為什麼會為自身的體驗評高分，卻在同時認定國內其他地區的服務品質很差？既然我們自己能熬過經濟蕭條的時期，不會在路上被搶，那為什麼其他人就不行？

　　在皇家文藝學會座談會上發表演說的民調專家黛博拉・馬丁森（Deborah Mattinson）提出，這種現象和主觀的控制感息息相關。**人們往往會對於他們相信自己能控制的事物感到較樂觀；**但很多時候，這種控制感不過是幻覺。儘管如此，我們認為自己將命運握在手中時，較有可能會相信自己能往正確方向行進。我們相信自己不會走進暗巷，所以和別人相比，被搶劫的機率較低；我們不會讓皮膚直接晒到太陽，所以得皮膚癌的機率較低；我們擁有獨特才能，就業市場對這份才能的需求總是很高，所以即使經濟蕭條，我們也

能活下去。但與此同時,我們承認自己無法控制國家的整體金融狀況,也控制不了其他國民的健康與安全保障,所以在這些方面就比較沒信心了,沒辦法信誓旦旦地宣稱這些事項也會朝正確方向前進。

除此之外,我們還必須考慮一個因素: **相對性** (relativity)的力量。我們對自己的薪水、晚餐、電信服務或健保服務滿意與否,很大一部分取決於其他人的狀況──我的朋友賺了多少?和我同桌的人,是不是點了比較昂貴的主餐?同事的電信月費是多少?我的家庭醫師有比其他醫師好嗎?當我們相信社會大眾沒有我們得到的這些正面經歷,就表示我們得到優待;我們不僅得到好的服務,還是高人一等的服務。我們如果相信居住地區的公立學校辦學用心,反觀國內的其他學校都不怎樣,那就表示我們運氣特別好,我們的孩子非但能接受良好教育,甚至是接受比國內其他公立學校的學童來說更好的教育。

在此,大腦再次玩了個小把戲,提升正面錯覺的效果。人們不但對自身的未來存有樂觀偏誤,還對其餘所有人的未來存有悲觀偏誤(pessimistic bias),因此兩者共同發揮作用的結果就是:我們不只相信自己很幸運,而是特別幸運,於是自我感覺更加良好。因此當我們身處艱苦的時代時,只要相信其他人的境遇都很糟,自己的心情就會好一些。

說到底,我們對於社會未來的期待時而樂觀、時而悲

觀，而這取決於何者更能助長我們的個人樂觀傾向。在和平安穩時代，人們或許能透過比較方式，用大眾悲觀傾向助長個人樂觀傾向：在整體大環境良好時，我們對社會會抱持悲觀態度、對自身未來抱持樂觀態度，這表示我們不但預期自己能過得好，還預期自己能在其他人生活不易時過得好，並讓我們自覺高人一等。但這並不表示我們幸災樂禍，只是我們在檢視自身的未來發展時戴上一副玫瑰色眼鏡，在檢視其他人的未來時卻沒有戴上；而且在評估國家的未來時，我們更是會選擇戴上墨鏡。

然而，當整體大環境狀態低迷，開始直接影響我們的個人生活，那我們想要提升本身生活品質的方法，只有鼓勵其他人也一起向前邁進了。人們在遭受經濟危機衝擊時紛紛失去工作、存款數字蒸發，這時他們必須相信大環境很快就會變好，因為這是他們重新拿到薪水、提升生活品質的唯一辦法。所以越是在這樣的時期，人們會越偏向接收如巴拉克·歐巴馬、秀蘭·鄧波爾等人所發送的積極正面聲音，於是樂觀心態席捲世界……至少，在經濟恢復穩定之前是如此。等到局勢安定下來後，我們又會開開心心地恢復大眾悲觀傾向。

第 5 章

你知道怎麼
讓自己快樂嗎？

出乎意料的幸福因子

Can You Predict What Will Make You Happy?
The Unexpected Ingredient for Well- being

哪些事物，能帶給你快樂？請寫下你認為能提升生活滿意度的五件事。賺更多錢能讓你快樂嗎？那多運動呢？還是多晒太陽？英國市場調查研究公司益普索莫里（Ipsos MORI）總共調查了2015人，從中發現人們認為最能提升幸福感的五件事如下（按重要性排序）：

・有更多時間陪伴家人
・收入是目前的兩倍
・身體更健康
・有更多時間和朋友相處
・有更多時間旅行[1]

以上五件事，有在你列的清單裡嗎？答案可能取決於你的年齡。人們對以上五件事的重要度評分，會隨著年齡而有

所不同，舉例而言，賺更多錢的重要性，會隨年齡增長而穩定下降。在15到24歲的青年族群當中，55％的人認為自己只要變得更富有，就會更快樂；然而在75歲以上的族群當中，只有5％認為更多財富，能使他們更快樂，這也許是因為年長者的人生閱歷告訴他們，幸福是錢買不到的東西。另一方面，隨著年齡增長，人們心目中身體健康對生活滿意度的重要性會穩定上升。在15到24歲的受訪者當中，只有10％的人將身體健康列為令他們感到幸福的五大因子之一；而75歲以上的受訪者中，將身體健康列為五大因子之一的人多達45％。會有這樣的結果並不奇怪，畢竟老年人必須面對的健康相關問題，相對上比年輕人還多，因此自然會較關心身體狀況。至於多和家人相處對於人們生活滿意度的重要性，則不太會隨著年紀產生變化，但35到44歲之間的受訪者特別重視是否能和家人多相處，這也許反映該年齡層的人們，對事業與家庭之間找不到平衡的焦慮。

我們有可能在多花時間和親友相處、多多旅行的同時，賺取比目前還多兩倍的收入嗎？這當然是個十分艱鉅的任務。假設我們真的找到一份高收入工作，除了賺更多錢之外還會提供充足的閒暇時間，讓我們帶家人或朋友去巴哈馬群島旅遊，但真的這樣就會變得幸福快樂嗎？我們能不能只是單純做些什麼，就能讓自己感到幸福快樂？還有，最重要的問題是，我們是否能預測哪些事能帶來快樂？

▌光是照顧植物，就能提升幸福感

要我們預測哪些事能提升幸福感，可不是件簡單的事。比起說出能讓自己快樂的事，多數人比較樂意告訴你哪些事能讓**你**快樂。廣告商試圖將快樂裝進汽水罐或巧克力包裝紙賣給我們；社會氛圍也一再地強調，教育、婚姻、子女、金錢，與是否會過得幸福息息相關。信仰、性愛、世界和平、藥物、愛情、房地產、在華爾街工作、退休計畫、冰淇淋、有線電視——到底我們該做什麼，才能真的獲得幸福快樂呢？

請看看下列幾項因子，其中一些和個人生活滿意度是正相關；一些是負相關。你能猜到以下這些因子，分別屬於哪一類嗎？

　　・散步、游泳、運動
　　・婚姻
　　・生小孩
　　・園藝活動
　　・上教堂、猶太教堂、清真寺或其他宗教集會中心
　　・獲得博士學位或其他學位
　　・高收入

那麼，你認為自己知道哪些事能帶來快樂嗎？我們首先

來檢視有哪些因子，和生活滿意度呈正相關吧。為了回答這個問題，益普索莫里公司的總經理班・佩奇（Ben Page）做過多次全球意見調查，他用一句話總結自己的發現：「如果想得到幾個小時的快樂，那就喝得爛醉；如果想得到幾年的快樂，那就娶個妻子；如果想得到永遠的快樂，那就造個花園吧。」這句話究竟有沒有參考價值呢？我們是不是得趕緊找個桶子和鏟子，準備挖土？佩奇在某次規模數千人參與的調查中發現，每周至少進行過一次園藝活動的人，基本上比其他人更快樂；而從不栽花種草的人，對生活感到滿意的機率則比較低。

其實你也不一定真的要著手打理一座花園，有多篇研究顯示，光是照顧植物，就能提升幸福感。根據德州州立大學（Texas State University）科學家的說法，在辦公室擺放植物的員工，比沒放植物的人來得快樂[2]。但這並不表示栽種植物或每周做一次園藝工作就能讓人們對生活感到滿意，也不表示快樂的心情能使人拿起鏟子開始種玫瑰花。這些雖然都是可能的因果關係，但園藝與快樂之間或許沒有直接關係，而是有第三個因子促使人們從事園藝活動，也讓人感到快樂。舉例來說，當一個人的空閒時間變多，其幸福感就會提升，同時也較有可能花時間在花園裡忙活；和同事間關係融洽，可能會令人對生活感到比較滿意，同時也較會想用盆栽裝飾辦公室，讓辦公空間變得更溫馨。所以，我們雖不能說

是植物令我們快樂，還是能推測一個在辦公桌上擺了小花小草的同事，應該比另一個桌上沒有綠色植物、只有一堆文件的同事還來得快樂。

那麼，還有什麼因子和幸福呈正相關呢？調查顯示，假如你有博士學位、會上教堂（或去其他宗教場所）還有參加體育活動，相較於一個沒有博士學位、從不去教堂且對運動退避三舍的人，你感到快活的機率會高出許多。在擁有高等學位的受訪者中，35％的人自認非常快樂；沒有高等學位的受訪者中，卻只有23％的人如此認為。一周上教堂數次的受訪者中，將近半數表示自己非常快樂；從不上教堂的受訪者中，只有26％的人如此認為。當然，這些數值只表現出不同因子間的關聯，而非因果關係。

▍結婚生子，與幸福感無關

很多人都說生小孩能帶來快樂，是真的嗎？多數人相信養兒育女是通往圓滿生活的關鍵，人們將大量時間、力氣與資源投注在自家孩子身上。那麼，孩子真的能讓我們過得快樂嗎？多篇研究都顯示，即使生養小孩和快樂之間存在某種關係，那也是負相關。舉例而言，根據益普索莫里公司的數據顯示，原本沒有小孩的已婚配偶一旦開始建立家庭，生活滿意度便會穩定下滑，且在孩子到青少年時期時跌到谷底。

從孩子的青少年時期過後，父母的快樂程度又會逐漸上升，最後等孩子搬出去以後，將會回歸至生養小孩前的快樂程度。而且，對生活最不滿意的族群就是中年人（35到54歲）；青少年（15到24歲）的主觀幸福感程度最高；老年人（75歲以上）則位居第二[3]。

「生養小孩和快樂是負相關」的概念，也被諾貝爾獎得主丹尼爾・康納曼（Daniel Kahneman）在研究中證實[4]。認知心理學家康納曼致力研究展望理論（prospect theory，描述人類在不確定情境下的決策方式之理論），並在2002年獲得諾貝爾經濟學獎，以行為經濟學與決策制定方面的研究著稱，更因他對於認知偏誤（cognitive bias，許多人為失誤背後的基本原因）的描述而名聞遐邇。到了晚年，康納曼的研究重點放在「享樂心理學」（hedonic psychology）上，試圖用自己早年研究出的定則，描述與解釋當人們在思索哪些事能帶來快樂時，所犯下的錯誤。

在一篇研究中，康納曼的團隊探討一大群美國與法國女性勞工的生活滿意度。為了研究，他們選擇不採取傳統的方式量測幸福感：不是問參與者對自身整體生活狀態的評分（換言之，他們沒有直接問參與者的生活有多快樂），而是請這些人定期回報情緒狀態——研究者請參與者在一天當中不時先放下手邊事，記錄自己當下的情緒與行動。康納曼稱這樣的研究方式為「體驗幸福的評量法」（a measure of experienced happiness）。根據康納曼等人的說法，比起用傳統方法所測得的幸福感數值，用這種方式得到的數值會比較精確。之所以用這樣的方式做評量，是因為最顯著影響個人幸福感的，就是我們日常生活所經歷的點點滴滴。真正重要的是，我們何時及多麼頻繁地感到煩躁、焦慮與滿足。我們確實會在某些時候回首過往、評價已經度過的人生，但這種狀況並不常發生，所以影響幸福感的主因並非對人生的回顧，而是我們心中時刻出現的情緒與感受。然而，大部分關於主觀幸福感的問卷調查，都是請受訪者回顧並評量對生活整體的滿意度，而非在日常生活中所體驗到的點滴快樂。

康納曼等人藉由「體驗幸福的評量法」，發現母親所體驗到的快樂，和與自家小孩相處的時間長度呈負相關。相較於從事煮飯、買菜等家事時，實驗參與者在和孩子互動時，經歷的快樂時刻較少──不僅如此，和小孩互動對快樂體驗的正面影響極低，與之相比之下讓人覺得更不快樂的活動，就是每日通勤了。

換句話說，最無法提升生活滿意度的活動，就是上下班的通勤。我們每天困在悶熱的地鐵車廂裡，在尖峰時段和幾百人擠在一起等著回家；或者在車陣裡塞上好幾個小時，這樣的體驗當然不會讓人感到快樂。但值得探究的是，和自己的孩子玩耍、念故事給他們聽、餵他們吃飯或幫他們檢查功課，從中得到的快樂感受竟然沒比通勤好太多──這樣的調

查結果不僅驚人，還令人感到不安。一篇篇研究皆顯示，孩子不一定會為我們帶來快樂，可是大家不都說孩子是快樂的泉源嗎？兩者之間怎麼會存在如此巨大的矛盾？為什麼無論是大眾文化或我們身邊的親友，都口口聲聲地說：「生個小孩，你就會比較幸福？」為什麼人們總是堅稱（甚至是堅定地相信）有了孩子，自己就能從此幸福快樂？有一個說法是，在延續人類物種這方面，無論是親身體驗或藉由比較而得到的幸福，都不是最重要的因子，把基因傳給下一代才是最重要的。由於腦海裡已經植入了這個演化上的「目標」，即便理性的科學研究顯示養育小孩並不會帶來快樂，人們還是會誤解成只要這麼做就能得到幸福，也是無可厚非。哈佛心理學者丹尼爾‧吉伯特（Daniel Gilbert）指出，因為人們認為孩子會帶來幸福快樂，所以會合理化自身投注在孩子身上的精力與資源[5]。我們的社會經常將幸福快樂當成最終目標，所以也導致我們認為花這麼多時間和精力在孩子身上是值得的，理由是因為能讓我們過得更愉悅，而不是人類天生受生物本能驅使，想要將基因傳下去。

很多人也相信婚姻能帶來快樂。但直到目前為止，婚姻與快樂之間是否存在正相關性，仍是未解之謎。相較於健康或財富等其他因子，婚姻本身既能積極地提升人們的幸福感，也會消極地影響幸福感。對某些人而言，婚姻能提升幸福感；但對某些人來說，婚後反而更不快樂，所以我們很難

看出婚姻對幸福感的影響。德國有一篇研究顯示，婚姻對幸
福感的影響不大，在婚後人們的幸福程度會稍微提升，但很
快又會恢復原本的水準[6]。有趣的是，婚後幸福感有所提升
的人，往往是那些一開始幸福程度就相對低的人；婚前就已
經是屬於樂天派的人，在婚後幸福感並沒有大幅上升。這也
許是因為原本幸福感程度就高的人，更可能擁有滿意的工
作，和家人與朋友的關係也往往較親密，因此這樣的人從婚
姻中得到的快樂，相對會少一些。

　　益普索莫里公司的一篇調查研究則顯示，在已婚人士當
中，33％的人自認非常快樂；在未婚同居的人當中，31％的人
感到非常快樂；單身人士當中則只有25％的人感到非常快樂。
這些數字也表示，影響我們獲得幸福與否的不一定是那紙結婚
證書，而是和另一個人共同生活時所感受到愛與安全感。

▌ 高收入無法顯著提升幸福感

　　在各種討論幸福的文獻中，最常被拿出來討論的是財富
與幸福之間的關係。如果我們擁有更多財富，會變得比較幸
福嗎？根據皮尤研究中心（Pew Research Center）的研究，平
均來看，錢賺較多的人通常也比較快樂[7]。接受問卷調查的
受訪者中，年收入超過10萬美元者，有半數的人表示對生活
滿意；年收入在3萬美元以下的受訪者中，只有25％的人表示

自己活得快樂。然而，包括美國社會調查概況（U.S. General Social Survey）在內的不同出處之數據也顯示，最高收入組的主觀幸福感程度，確實比最低收入組還高出兩倍；不過中等收入與最高收入組之間的幸福感程度就差不多了[8]。同樣地，在檢視不同國家的幸福感程度時，我們會發現隨著國內生產毛額（gross domestic product，GDP）上升，幸福感也會穩定提升；然而在GDP達到一定水準後，即便GDP再提升，也不會影響大眾的主觀幸福感程度[9]。根據益普索莫里公司發表的數據，英國過去50年來GDP逐年成長，卻沒能讓國民覺得更快樂。

在採取「定期的體驗幸福評量法」以量化幸福感程度的研究中，收入與幸福感程度之間看不出明顯的關聯。在一篇研究中，研究者請參與者每25分鐘記錄自己的感受；在這篇研究中，幸福時刻與收入高低之間的相關性是零（兩者完全無關）。然而研究卻者發現，收入高的人往往更常記錄下憤怒、焦慮與興奮的時刻，這或許表示高收入工作可能會令人較激動，而這些激動情緒多半是負面情緒。

這些研究結果，也導引出一個問題：既然銀行戶頭裡的錢比較多並不會讓我們比較快樂，那我們何必汲汲營營賺更多錢？有幾種可能的答案。首先，我們在生活中一定會渴望得到更多，但一旦得到自己要的，我們也很快就會習慣，於是那個事物就不再能提升我們的幸福感程度。即使是買彩券

中獎的人，在中獎的短短一年後，生活滿意度也會回歸到贏得幾百萬美元前的程度【10】。剛得手的東西──一台大螢幕電視、一棟有五個房間的大宅、一輛拉風跑車及名牌服飾──我們很快就會習慣得到這些東西。我們當然會渴望一棟新房子、一輛奢華好車、更常出門度假、去高級餐廳用餐，還有買下價格不菲的服裝，但在得到這一切之後，過不了幾個月我們就會適應，於是縱使接下來獲得再多錢財，也無法有效地提升幸福感。

　　此外，在職場上高收入往往與較重的責任、較長的工時脫不了關係。還記得前述的提升幸福感事項排名嗎？人們認為最能令他們感到快樂的，是多花時間和家人相處，第二名是多賺錢，第四名則是多花時間和朋友相處。為了事業有成、發大財，我們往往得犧牲和親友相處的時間，就算達成第二號目標，也失去了一號與四號目標。結果呢，我們雖然整體成就感有所提升，一天當中感到快樂的時間卻逐漸減少。

　　另一方面，財富對整體生活滿意度與短期愉悅的影響力之落差，也許能解釋為何採取不同調查方法，收入與主觀幸福感就會有不同程度的相關性。用概括性問題評量幸福感程度的研究（如詢問「你的生活有多快樂？」），會得出收入與快樂的相關性，呈現不上不下程度的結果【11】；而使用「定期的體驗幸福評量法」的研究，往往找不到收入與幸福感程度之間的關聯性【12】。這可能是因為高收入確實對短暫回想時的生活滿意

度有影響，卻沒有顯著提升我們的整體快樂體驗。

▋「相對」財富才能促進幸福感

　　會出現上述落差，還有另一個原因，就是康納曼等人所提出的**聚焦錯覺**（focusing illusion）【13】。「聚焦錯覺」指的是**在別人問起生活中某個具體面向時，我們會過於誇張地重視這些面向**。如果研究者在問卷調查中問及收入時，人們就會把專注力放在自身的財務狀況上，所以後續在填答關於整體生活滿意度的相關問題時，大家可能會比平時更把考慮重點放在經濟狀況上。舉例來說，如果先問起人們的收入，再詢問生活滿意度，那麼比起相反順序的問法，人們的答案比較會顯示出收入與生活滿意度之間的相關性。就如康納曼所說：「在生活中，沒有比我們當下所想的事情，更重要的事了。」

　　有多名研究者提出，真正能促進幸福感的並非絕對財富，而是相對財富──也就是與周遭其他人相較，自己所擁有的財力【14】。假如鄰居、同儕和親戚的年收入都在5萬美元左右，那我們賺個8萬美元可能就會很開心了；但假如同事或朋友的年收入是9萬5000美元，那麼每年賺8萬美元可就很難自我滿足了。相對財富對於幸福感的重要性，解釋了文獻中一些有悖常識的發現，如「一個國家的GDP隨時間成長，但大眾的主觀幸福感為什麼沒有隨之提升」這個問題。國家整

體可能變得更富足了，但國民個人的相對經濟狀況還是一樣，所以幸福感並沒有產生變化。

　　相對性，是人類心理學的一大關鍵。不妨思索一下我們都是如何感知周遭環境的：如明暗或吵雜度等周遭環境因素要改變多少，我們才會注意到差異？這取決於環境原本的狀態。舉例而言，假設我們小聲地放音樂，那音量只要發生一點小變化，我們就會注意到了；然而，當我們已經很大聲地播放喜歡的樂團歌曲時，音量就必須再轉大一點，我們才會發現。最初指出「相對性」對於感知的重要性的人，是德國物理學家恩斯特・海因里希・韋伯（Ernst Heinrich Weber，有人認為他是實驗心理學創始人）。在一次實驗中，韋伯給了被蒙眼的受試者一些砝碼，請他們拿著；他緩緩增加砝碼重量，請受試者每次感受到重量差異時就告訴他。韋伯發現，受試者可感覺到差別所需的重量差異，和砝碼最初的重量成正比。也就是說，一開始只要加上幾盎司，參與者就會注意到差異了；但隨著重量增加，區區幾盎司的差異就感覺不出來了，可能需要增加1英磅的重量，受試者才會發現。

　　人們對金錢的感知，也是類似原理：如果你為某份工作開價1萬美元，然後承諾再給對方50美元獎金，對方肯定不願幫忙；但如果你為某份工作開價70美元，同樣是承諾再給50美元獎金，對方絕對十分感激。行為經濟學的研究顯示，人們賦予金錢的價值是一種「非線性曲線」[15]，如果完成一個

任務所賺到的錢翻了一倍,人們並不會覺得那個任務的價值變成原本的兩倍,而是變成稍微少於兩倍的價值。這就和人們對吵雜度或光線明暗的感知一樣,金錢的主觀價值和我們的起始點息息相關——一開始只有1元,或是一開始就有100元,你賦予金錢的價值就會不一樣。因此,擁有的財富越多,就越需要讓財富增長幅度更高,才有辦法感受到金錢所帶來的幸福感。

財富與主觀幸福感之間似乎不存在明顯的關係,但人們卻深信兩者高度相關。《科學》(Science)期刊發表的一篇研究顯示,在請受試者評估其他人的心情時,受試者較可能會認為賺得多的人心情也會比較好[16],但事實並非如此。所以,人們雖然認為財富、小孩與婚姻能帶來幸福,不過從科學證據看來,事實不然。別忘了,就算是買彩券贏了幾百、幾千萬,我們的好心情似乎也只能維持短短幾個月,可是每周還是有一堆人把辛苦賺來的血汗錢拿去買彩券,希望能一夕致富,從此過得更快樂。

▋ 情緒會影響記憶?

試著回顧自己的童年,你會想到哪些事呢?很多人會想到生日派對、做壞事被懲罰、學校話劇表演、體育賽事、和朋友吵架、校外教學,或是兒時的那段初戀,這些記憶之所

以禁得起時間考驗，是因為它們激起了強烈的情緒反應，會在腦中保持鮮明，於是我們也能輕鬆地提取。至於歷史課、購物等日常事件就沒那麼清晰了，這些事情往往會在腦海中逐漸淡去。

　　2004年，我花了10個月在加州大學戴維斯分校做實驗，希望能透過實驗展現出情緒對記憶的影響。戴維斯市是北加州一座小城鎮，距離舊金山約90分鐘車程，開到美麗的酒鄉納帕郡則需花40分鐘。這座城鎮寧靜祥和，有一條大街、幾家餐廳，有寬廣的草坪、和善禮貌的居民，以及四季如春的溫暖氣候。剛從紐約市搬過去的我，面對當地的慢活氛圍與親切的居民，彷彿來到另一顆星球。每到萬聖節、聖誕節與復活節，房東太太就會在我的門口留些糖果；我都特地向雇主和銀行申請了相關文件，房東太太卻從來沒向我要，也沒有找人證實我真的是一個誠實的房客。我不必戴耳塞就能安穩睡覺──以前住在紐約第六大道上，不戴耳塞根本無法入眠──而晚上過了10點鐘，戴維斯市的商家都會準時打烊，這裡可沒有夜生活。

　　然而，多虧以「認知雙重歷程理論」（dual-process theory of recognition）著稱的心理學者與記憶專家安德魯・優內利納斯（Andrew Yonelinas），這座氣氛悠閒的城鎮，對我的研究造成深遠影響。根據雙重歷程理論，提取記憶的過程其實可分為兩個不同的程序：**熟悉**（familiarity）與**回憶**

（recollection）。請想像自己走在路上，突然有人停下來對你打招呼。你看著這個人，總覺得好像在哪裡見過，你覺得對方很熟悉，你知道你們以前見過面，但不確定是什麼時候。我們能分辨一個人是素未謀面的生面孔還是從前見過的熟面孔，就是以「熟悉感」為基準，就算不記得自己在何時何地遇過這個人，還是能感覺得到對方「很熟悉」。你禮貌地和這位陌生人交談，但你感到有點尷尬，因為你還是不確定自己和對方到底有什麼共同點。這時，對方提到你的一位好朋友莎莉，你突然想起自己幾個月前在莎莉的晚宴上見過這個人。你回想起當初結識鮑伯（你終於想起對方的名字了）的片段情境（晚宴）了，這個程序被稱為回憶——你在腦中回到過去，重新經歷了某個事件。

研究顯示，熟悉與回憶這兩個記憶程序，無論在功能或神經結構方面都有所不同[17]，它們分別仰賴大腦額葉內側兩個不同腦區的功能。名為海馬迴的腦區是回憶程序的關鍵，但我們不需海馬迴也能產生熟悉感（關於海馬迴的詳細討論，請見第2章），與熟悉感相關的訊號是在海馬迴隔壁的鼻周皮層（perirhinal cortex）所產生的。海馬迴受損但周圍皮層仍功能完整的失憶症患者，雖然沒辦法正常地回憶起事情，但還是可感覺得到人事物是否熟悉；這些失憶症患者可能知道自己見過你，卻不會記得你們相遇的確切情境。

情緒會大幅增強人們的回憶體驗，提升人們對自己準確

回想事件的自信，並讓腦中的畫面變得更加鮮明[18]。然而，回憶的增強並不是一口氣發生的，而是得花一些時間。我和優內利納斯在戴維斯所進行的一場研究中，我們讓受試者看了一些能高度刺激情緒的照片（如肢體殘缺與暴力行為等不堪入目的照片），以及一些平凡無奇的照片（一些人在書店看書，或在辦公室工作的照片）。在給受試者看照片之後，我們立刻測試他們對半數照片的記憶，接著在24小時後，測試他們對另外半數照片的記憶。起初，受試者對高度刺激情緒與普通照片的記憶似乎沒有差異，不管是哪種都記得同樣清楚。但在24小時後再做測試時，情況卻發生變化——受試者對高度刺激情緒的照片之回憶能力變強了。他們對高度刺激情緒照片的記憶不見得更精確，不過受試者表示，比起他們對普通照片的記憶，這些記憶更加鮮明[19]。

我們對過往刺激情緒的經歷之記憶極為鮮明，對過去的日常瑣事卻印象不深，這表示我們對過去的看法，存有持續性的偏差。我們往往會將過去視為一條由刺激性、情緒性事件所串連起來的濃縮時間線，只記住某件事令人情緒激動的部分，卻忘了較無趣的部分。我們會記得某年暑假所發生的精采事件，較沒那麼有趣的部分則會隨時間淡去，最終被永遠遺忘，結果在預估下次暑假可能會有的感受時，往往會對正面的部分有所高估。我們對未來的預測會如此不準確，部分原因正是人們對於過去的記憶，其實不夠精確。

　　此外，還有另外兩個原因，令我們錯估哪些事能帶來快樂，當然也令我們錯估哪些事會帶來悲劇性的結果。第一個因素是，人們傾向低估本身迅速適應幾乎所有新情境的能力。當薪水調高了、身體變健康了，我們確實能感受到暫時的愉快，但我們很快就會習慣戶頭裡的錢變多、身體變得更強壯的狀態。人們在預測未來時，不會考慮到自身的適應能力，所以會一次次做出不準確的預測。第二個因素是，當人們思考如獲得高收入、更多度假時間或更健康的身體將對幸福感有何影響時，往往會著重於該單一因素，而沒想到其他因素仍然一成不變。舉例來說，我們錢包裡的錢可能變多了，但還是得天天通勤上班；回家吃完飯還是得乖乖洗碗。所以，生活中出現一些變化，確實可能讓人變得比現在快樂，不過這些事所造成的影響，可能沒有想像中那麼巨大。

　　當然，這不代表我們的生活不可能改變。在人生中，幸福感程度基本上會維持相對穩定，但還是會出現一些變化。舉例而言，在德國一篇研究顯示，四分之一的受訪者表示自己在過去17年裡，對生活的滿意度發生過變化[20]。原則上，我們還是能變得比此時此刻更快樂或更不快樂，可是實際上造成差異的，並不是我們原先認為重要的那些事。

▌樂觀偏誤，保持心情愉悅的關鍵

　　在本章伊始，我請大家列出能帶來快樂的五件事。如果你和多數人一樣，那你的五件事中，應該包括金錢、健康或更多旅行時間，但我猜你並沒有寫到**政局穩定**這項。你可能得修改這份清單了，因為政局穩定，是最能代表一國幸福程度的九大指標之一，而人權則是排在前兩名[21]。其他能代表一國幸福程度的因子，包括全國離婚率及新生兒平均壽命；也有研究顯示周行一善能提升幸福感[22]。我敢打賭，沒有任何一位讀者除了「收入是目前的兩倍」與「有更多時間旅行」之外，還列出「更善良」這一項。

　　我們沒辦法準確預測哪些事能帶來快樂，但這真的重要嗎？我們現在似乎就已經過得很好了。我們雖然摸不透到底什麼事物能帶來歡快與滿足，可是大多數人都過得挺快樂的。一份大規模跨國調查研究，得到一個確實的結論：大多數人在大部分時候，都感到開心[23]，竟然有80％的受訪者表示自己很快樂。無論是艾美許人¹或是撒哈拉沙漠的居民，很多人都發自內心地感到快樂。令我們如此感到快樂的關鍵因子，究竟是什麼？即使把所有人口統計學的因子都考慮進

1　基督新教重洗派門諾會中的一個信徒分支，以拒絕汽車及電力等現代設施，過著簡樸的生活而聞名。

去，也只能解釋不同人之間快樂程度差異的20%【24】。令人們
快樂的因子並不是健康、美貌、財富或婚姻。那麼，實際上
令我們感到快樂的，會不會其實是期望？難道說，我們總是
期望著能夠擁有高收入、身體健康或溫馨家庭，會不會是因
為這種期望本身帶來快樂？

　　中樂透可能不會帶來幸福，但在買彩券時，心中同時也
相信中獎後就能永遠幸福快樂，這股信念本身就能令我們開
心不已；光是揣想著自己拿到高額獎金時要做些什麼，心中
就會頓時充斥一股暖意。但諷刺的是，我們相信幸福即將到
來，而令我們此刻充滿喜悅的正是這股信念。我們認為自己
只要遵循一套特定規則，就有機會得到更好的未來；而我們
在腦中想像那個美好未來，就能維持幸福感。

　　所以，假如我們想像自己當上公司執行長，或第一名畢
業時，大腦究竟發生了什麼事？幾年前，我和我的論文指導
教授、知名神經科學家伊莉莎白・菲爾普斯（Elizabeth
Phelps），及甘達絲・雷歐（Candace Raio）、艾莉森・利卡
蒂兩名學生做過一次研究，請受試者想像接下來5年內可能發
生的特定事件，同時用功能性核磁成像技術，記錄他們的大
腦活動【25】。我們請受試者想像的事件中，一部分是令人感到
愉悅的事（美好的約會、中獎獲得一大筆錢）；也有些是令
人感到不快的事（弄丟錢包、失戀分手）。受試者們表示，
他們對美好事件的幻想畫面會比較豐富鮮明；在想像損失一

大筆錢或和伴侶分手時，只會想像出一些模糊畫面。然而如果是在想像參加頒獎典禮時，他們卻能設想出細節豐富的一段故事。究竟大腦怎麼會造成這樣的偏差？

　　蒂萊拉是位很有活力的大學心理系學生，她有一頭金色鬈髮與一雙大眼睛，個性樂觀正向。當她想像自己的畢業典禮時，我們觀察到她有兩個關鍵的腦區特別活躍，一個是杏仁核——大腦深處的一個小構造，是情緒處理核心；另一個則是吻端前扣帶皮質（rostral anterior cingulate cortex，rACC）——額葉皮質中負責調節情緒與動機相關區塊活動的腦區。吻端前扣帶皮質扮演交通警察角色，在皮質下區塊傳達出正面情緒與相關反應時，就會加強這些區域的活動，於是讓腦中形成詳細且清晰的畫面：蒂萊拉穿上畢業袍、戴上學士帽，手裡拿著紐約大學畢業證書，家人在背後歡呼鼓掌。一個越樂觀的人（此處是以標準的心理學測試為準），他或她在想像未來的正面事件時，這些腦區的活動會比想像未來的負面事件時更活躍【26】。

　　這些研究觀察，揭示生物學上一個重要的關聯——**樂觀心態與憂鬱症之間**的關聯。美國存在主義心理學者羅洛・梅（Rollo May）表示，憂鬱症是種無法構築未來的狀態。臨床上有憂鬱傾向的人，沒辦法輕易地想像未來事件的細節，即使能產生細節豐富的想像，他們也往往抱持悲觀的想法【27】。研究顯示，在憂鬱症患者身上，有兩個腦區的功能失常【28】，這

　　兩個區塊互相溝通的方式也特別不正常。此處所說的兩個腦區，正是杏仁核與吻端前扣帶皮質。在健康者身上居中調節樂觀偏誤的那套神經反應，在憂鬱症患者身上卻不起作用。

　　我們在健康且樂觀的受試者腦中所觀察到的現象，正好和臨床憂鬱症患者腦中的活動模式截然相反。在憂鬱症患者腦中，吻端前扣帶皮質沒辦法適當地調節杏仁核功能，結果病人無法像健康者那樣產生對未來的正面偏差想像，而是會著重地想像未來可能發生的不幸[29]。病情嚴重的憂鬱症患者心態悲觀，不過輕症患者其實能相當準確地預測近未來可能發生在自己身上的事——這種現象被稱為**憂鬱現實主義**（depressive realism）。如果你問輕度憂鬱症患者預期接下來一個月會發生什麼事，他們能說出相當準確的一系列預測；如果你問起他們對壽命或罹患特定疾病的機率有什麼想法，他們能給你一系列正確的估計值。難道說，少了樂觀偏誤，我們都會罹患輕度憂鬱症？

　　樂觀偏誤，是讓我們保持心情愉悅的關鍵因素。如果大家都能準確地預測未來，如果大家都清楚地知道人們認為能帶來快樂的事，其實對長期幸福沒有任何顯著影響。當人們摘下玫瑰色眼鏡，可以清楚地看世界時，無可避免地就會變得憂鬱——沒錯，就會罹患憂鬱症。

第 6 章

雪中盛開的番紅花

樂觀是天生的？

Crocuses Popping Up Through the Snow?
When Things Go Wrong:
Depression, Interpretation, and Genes

我們來看看兩個年輕男性——紹恩與佛瑞德的故事。紹恩和女友菲比、一隻名叫卡特的狗一同住在西雅圖；佛瑞德則和太太莎賓娜住在離西雅圖約3000英哩遠的一棟佛羅里達州公寓裡。紹恩與佛瑞德的生活都不錯，兩人都是事業有成的商業律師；兩人都身體健康；感情生活也很幸福。10月初的某一天，兩人到巴黎參加商務會議，對經常出差的佛瑞德與紹恩而言，這並不是什麼新奇的活動。他們同樣在一周後回家，迫不及待要和愛人重聚。但是，當紹恩走進湖邊的家時，發現情況不太對勁——他很快就注意到，菲比的衣櫥大開著、衣服都不見了。他焦急地找遍整個房子，發現女友的書、鞋子、DVD和相機也都消失了，除了一臉哀傷又困惑地坐在沙發上的卡特之外。巧合的是，當佛瑞德回到自家公寓時，也看到類似情景，只不過沙發上沒有狗，而是放著莎賓娜留給他的一封信——那種悲情電影裡，

常見的訣別信。

可想而知，兩個男人都深受打擊。摯愛離開了，而且還是以這種他們以為只有在電視才看得到的方式離去。接下來幾個星期，紹恩與佛瑞德都被痛苦的情緒籠罩，沒辦法正常進食、睡覺或工作，也對社交與運動失去興趣。他們成天躺在床上，一次又一次地回想過去，反覆思索自己究竟做錯了什麼，如果能回到過去的話他們會做出哪些改變。「早知道就不要去巴黎出差，當初如果沒出遠門，這件事是否就不會發生？」這些念頭在他們的腦海裡盤旋，令他們疲憊不已。

▌悲觀解釋風格 vs. 樂觀解釋風格

紹恩和佛瑞德的反應很正常，失去心愛的人是件痛苦的事。如何面對失敗、被拒絕、被拋棄等種種變化，也是人生中的一大課題。紹恩與佛瑞德經歷了以上所有情況，而且更令他們難受的是，他們似乎沒辦法控制事情的結果。在這種情況下，暫時的憂傷、無作為，甚至是絕望都無可厚非。他們的行為——不再對過去積極從事的活動感興趣、睡眠障礙、體重減輕、無法專注、心情低落與充斥負面想法，都是憂鬱症的症狀[1]。

一些心理學者認為，這些反應有助生物生存[2]。我們暫時撤退到屬於自己的小世界，把精神全集中在處理痛苦的事

件，唯有這樣才能逐漸痊癒。我們會檢視自身行為、他人的行動，以及導向這特定結果的情境，直到自己能釐清一切。我們彷彿暫時退出人生遊戲——就和感冒時的休養一樣，我們感冒的時候通常會在床上躺個一、兩天，喝點熱茶與雞湯，等免疫系統有效地驅逐外敵。但有時候，有些人的身體會產生併發症，老年人、孕婦與本就有健康狀況等免疫系統較弱的人，較有可能因感冒而觸發嚴重病症；其他人則能成功地抵抗病毒，恢復健康生活。同理，我們每個人都會有遭遇痛苦與逆境的時候，大多數人一開始都會產生如紹恩與佛瑞德這樣的反應，多數人最終都會從失望與心痛中走出來，不過逆境偶爾會導致長期的負面心理狀態，引發憂鬱症。大約15％的人，會在一生中某些時期出現這樣的狀況[3]。很多時候，憂鬱症的根源可以追溯到一個人生命中某個造成壓力的事件，不過也不是百分百都與特定的壓力事件相關。

在一段時間的適應與反思後，紹恩與佛瑞德會變得比以前更堅強，還是就此一蹶不振？他們會學到什麼教訓？他們會如何看待自己的過去、未來，以及自己在事件中所扮演的角色？故事到這裡，兩個人的際遇也從此不同。佛瑞德認為全都是自己的錯，他和莎賓娜相處時不該得寸進尺、不知變通。他逐漸相信，自己因為期待太高，所以以後不管和什麼人相處，人際關係都會受這份過高的期待所影響。他覺得自己的人生沒救了，他這麼不知變通的人不僅會毀了所有的戀愛關係，連律師

工作肯定也做不好，以後也沒辦法當個好父親。佛瑞德詮釋事件的方式，被稱為**悲觀解釋風格**（pessimistic explanatory style）：他認為自己該為負面事件負責（「是我太糟糕，她才會離開我。」）；他相信這會是永久的狀況（「我所有的人際關係都沒救了，我也沒辦法改變這種狀況。」）；而且他把一次失敗事件，延伸到生命中的其他面向（「我不僅是糟糕的伴侶，還是一位失敗的律師與失格的朋友。」）[4]。

佛瑞德認為自己注定會遇到負面事件，因為他有自己所謂有問題的人格特質。他現在沒辦法修復和莎賓娜的感情，結果這股感受逐漸蔓延，變成對整體未來的絕望。佛瑞德覺得自己經歷過一次失敗婚姻，就表示未來不管和誰談戀愛都會失敗，結果他預期自己會遇到最慘、最慘的情況，從此變得很悲觀。

紹恩詮釋事情的方式，就很不一樣了：他和菲比的確發生過衝突，他也的確犯過錯，但畢竟世上沒有完人——每個人都會有犯錯的時候。總體看來，是菲比太軟弱，是她沒辦法處理衝突、面對自身的不安全感，所以她寧可逃跑也不願面對現實，可見紹恩以後得找個更堅強、更可靠的伴侶。紹恩這樣的思考方式，是所謂的**樂觀解釋風格**（optimistic explanatory style）[5]：他認為逆境是他人造成的（「是菲比太脆弱、太歇斯底里。」）；他相信自己的情況會有所改變（「我會找到新的伴侶。」）；也不會把個人私生活的失敗，延伸到生活的

其他領域（「我依然是位稱職的律師。」）。紹恩將菲比的離家出走視為單一事件，對未來的人際關係（以及其他社交與事業上的互動）沒有影響，所以他心中充滿希望。他當初沒能阻止菲比離他而去，但這並不表示他沒辦法控制自己未來的感情關係，他反而相信自己學到重要教訓。紹恩的心態很樂觀，他相信只要別再去想菲比，就能恢復如初。

　　當然，無論是佛瑞德或紹恩，對事件的詮釋都不完全符合現實，兩人多少都該為感情分崩離析負責，兩人在未來可能還是會犯下一些相同錯誤。然而，紹恩較有可能走出傷痛、恢復正常生活，並得到下一段戀情；佛瑞德可能就沒辦法那麼快放下過去。研究顯示，佛瑞德較有機會罹患憂鬱症。多篇研究都顯示，如佛瑞德般的悲觀解釋風格，是罹患憂鬱症的風險因子之一；憂鬱症患者和佛瑞德一樣，較有可能把負面事件視為自己的錯，並認為這些是永久、不可改變，且會影響到生命中所有面向的事[6]。連結憂鬱症症狀與悲觀解釋風格的關鍵元素，就是「期待」——悲觀解釋風格會讓人對未來產生負面預期，產生負面情緒、變得消極與絕望，進而引發憂鬱症。

▌電擊實驗之於「習得性無助理論」

　　樂觀與悲觀解釋風格的概念，是由心理學家馬丁・賽里

格曼（Martin Seligman）所提出，而他當初是在試圖解釋自己10年前的研究結果時，發展出這套觀念。在1960年代中期，賽里格曼還是位年輕研究員，在賓州大學研究動物的學習行為。他想知道，狗如果預先被警告過，能否學會避免陷入困境？他的想法很簡單：首先，他會訓練狗，讓牠們知道在聽到某個特定的聲音後會被電擊；接著，他會讓狗在聽到那個聲音後，選擇是否要跳過一道障礙以逃避電擊。狗能學會如何逃避電擊嗎？

揭開賽里格曼知名的研究成果前，我們來簡單做個腦力激盪：想像自己坐在一個空房間中央，牆上沒有掛畫、沒有植物，連扇窗戶都沒有，房裡唯一的家具就是你坐的椅子。忽然間，你莫名其妙被猛地電了一下，強勁電流竄過你的皮膚、肌肉與毛髮。過了片刻，你又被電了一下，你被電了一次、又一次、又一次。你心想：「我得趕快離開這裡。」你試著開門——門鎖住了；通風管呢——太窄了；你跳到椅子上——還是被電了；你下了椅子——電擊、電擊、電擊。你無處可逃，無論怎麼做都無法擺脫痛苦，就算大力捶牆壁、在地上倒立或躺在地上，都會遭受電擊。你驚恐又痛苦地坐在椅子上。過了幾個小時，電擊不知為何停止了，房門開了條縫。你終於鬆一口氣，跑了出去。

但是，你的好心情持續不了多久。第二天，你赫然發現自己又獨自被關在另一間陌生房間，這個房間和之前那間不

一樣，牆上有掛畫，地上鋪著灰地毯——可是果不其然，過沒幾分鐘，可怕的電擊又開始了。你該如何是好？

　　請思考一下自己會做何反應。在你思考的同時，我們回頭看看賽里格曼的狗是怎麼反應的。就如前面所說，賽里格曼想知道狗在學到聽見警示音後緊接著自己就會被電擊，有沒有辦法逃避電擊（就是你剛剛想像的那種電擊）。賽里格曼首先幫狗套上束帶，在播放警示音之後電牠們一下；接著又是警示音、又是電擊……如此重複。不久後，狗狗聽見警示音就會開始嗚咽，表示牠們知道自己接下來會被電。在被束帶束縛的情況下，牠們什麼都做不了，只能任由電擊一波波襲來。

　　接著，賽里格曼取下狗身上的束帶，將牠們放入低矮的箱子，狗能輕易從箱子裡跳出來。他又播放警示音，卻驚訝地發現狗狗們什麼都沒做——沒有嘗試跳出箱子，而是趴在地上呼號。賽里格曼知道，狗狗已經學到要在聽見警示音之後預期自己會被電了，那為什麼在聽見聲音後，牠們沒有逃跑？其實，這個實驗在這邊有一個不同之處：只有之前被束帶困住的狗才反應消極；之前沒被套上束帶的狗，很快就學到要跳過障礙、逃避電擊[7]。由此可見，曾被拘束過的狗似乎認定自己會和之前一樣，沒辦法控制負面結果發生，所以即使置身在有機會脫離痛苦的新環境，牠們還是不願嘗試。

　　這些狗的行為，某些方面和人類的一種普遍狀態很像。

賽里格曼的狗變得消極、缺乏自信、不再探索環境、心情低落、一再嗚咽，整體而言十分無助，這令賽里格曼聯想到罹患憂鬱症的病人。這些動物也和憂鬱症病患一樣吃得較少、體重減輕了。看到這些相似處，賽里格曼不禁好奇：憂鬱症會不會是人們認為，自己無法控制事情的結果所造成的？他提出假設：憂鬱症患者從過去經驗學到了無助的行為表現，因此即使在可避免負面結果、得到正面結果的情境中，也不會試著改變命運，也比較不會躲避傷害、達成好的結果，而這會進而使憂鬱症變得更加嚴重。賽里格曼將他的理論取名為**習得性無助理論**（learned helplessness theory），這後來成了心理學者用來解釋憂鬱症的主流模型[8]。

▋「談話療法」能降低憂鬱症風險

現在，我們回到之前那個可怕的電擊房間吧。請想像自己身在那個房間裡，你獨自站在灰色地毯上，突然又遭受電擊，感覺到電流竄過身體。這時，你會怎麼做？你會默默等電擊停下嗎？還是尋找逃生路線？

在我們的假想情境中，多數人在第一個房間裡都會想方設法逃跑；但換到第二個房間後，他們還會試著逃走嗎？還是會認定二號房就和一號房一樣，房門上了鎖、通風管太窄，不可能逃得出去？他們會不會學會變得無助，連嘗試避

免被電的行為都不去做了？每個人的答案會不一樣，而研究結果也顯示，每隻狗的反應也不太一樣。

在賽里格曼的實驗中，並不是每一隻狗都習得了無助。不是每一隻狗都表現出憂鬱症的症狀，之前被拘束著遭受電擊的狗當中，有一小部分在不受束縛後非常樂意跳過障礙、躲避電擊。狗和人類一樣有個體差異，而就像一些狗沒有習得無助一樣，一些人（像前面提到的紹恩）在遭受重創──親友去世、罹病、失業、破產、失戀──過後，還是能將破碎的生活拼湊回去，走出陰影。如果紹恩是賽里格曼實驗中的一隻狗，他想必不會認定自己過去遇到的某個情境，能套用到其他所有情境，所以會第一個跳出電擊箱。

而在光譜的另一個極端，我們發現有一小群狗明明過去沒有遭受無法控制的電擊，卻還是有了無助的表現。還記得嗎？賽里格曼從實驗中觀察到，過去沒被束縛、沒經歷無可避免的電擊的狗，在被電幾次後很快就學到要跳出電擊箱了。然而，他發現之前沒被束縛過的狗當中，有5％不會跳出來，且會沒有理由地表現得無助、默默承受痛苦。這種被動、消極的反應，就和容易罹患憂鬱症的人──佛瑞德這種人──很像。

賽里格曼相信，思考模式像佛瑞德的人，還是有辦法學會像紹恩那樣思考。即使是容易悲觀地詮釋世界的人，也能學會變得樂觀[9]。為改變思考模式，佛瑞德首先必須辨識出

「逆境事件」（這很簡單，事件就是莎賓娜突然離他而去）；接著辨識出自己對事件的詮釋方式（「是我的個性太差，莎賓娜忍無可忍才會離開我。」），並且辨識出這種詮釋的後果（「我感到痛苦又無助，沒辦法好好工作。」）。下一步，佛瑞德必須考慮支持或駁斥這種詮釋的證據（「我有很多愛我的好朋友，我和他們的關係很好，這表示我的個性沒有我想像中那麼差勁。」），然後想想看，事情出錯有沒有可能是其他原因造成的（「莎賓娜的人生目標和我不一樣，我們的溝通也有問題。」）。最後，佛瑞德必須重新思考分手事件的含意（「莎賓娜離我而去，不一定表示我會孤苦伶仃地死去。」），並考慮從失敗的戀情中走出來的種種優點。只要佛瑞德成功遵循這些步驟去做，可能就會找到新的希望。

有證據顯示，透過訓練與「談話療法」（talk therapy）去改變一個人的認知風格，能降低對方罹患憂鬱症的風險，並促進身體健康。舉例而言，在一次研究中，賽里格曼找出一群用悲觀解釋風格思考的大學生，然後對其中半數人進行訓練，教他們一些採用樂觀解釋風格的技巧；另一半學生（控制組）則沒有接受訓練。根據這些學生數月後的回報，受訓組身體上的疾病症狀與就醫次數，都少於控制組[10]。

▋抗憂鬱藥物能改變認知偏誤

　　佛瑞德可以選擇用認知療法對抗憂鬱症，他還可以配合
認知療法或直接選擇用抗憂鬱藥物對抗疾病（如果他選擇服
用抗憂鬱藥物，那他就會是服用這類藥物的2700萬個美國人
之一）【11】。不過佛瑞德可能不知道的是，抗憂鬱藥物最終會
改變他的思考方式，他處理與詮釋周遭世界的方式會受到改
變，而改變模式和賽里格曼的樂觀訓練等認知療法很相似。
那麼，抗憂鬱藥物，是如何改變一個人的感知的呢？

　　醫 師 最 常 開 的 抗 憂 鬱 藥 物 ， 是 提 升 血 清 素
（serotonin）——一種神經傳導物質（neurotransmitter）——
功能的藥物。神經傳導物質是一種化學物質，我們腦中的神
經元能互相溝通，就是多虧了它們。神經傳導物質會被神經
元釋放到兩顆神經元之間的空間（又稱「突觸間隙」
〔synaptic cleft〕），和接受方的神經元的受體結合。你可以
把神經元想像成兩個在打網球的小朋友，神經傳導物質就是
網球，其中一個小孩威廉把球發給另一個小孩亨利，假如球
沒發到球網對面，威廉就會跑去撿球、再發一次球。百憂解
（Prozac）等大部分的抗憂鬱藥物都是「選擇性血清素再攝取
抑制劑」（selective serotonin reuptake inhibitors，SSRIs），
把抗憂鬱藥物放到打網球的情境中的話，選擇性血清素再攝
取抑制劑所做的事，就是抑制威廉去撿球的欲望（抑制所謂

的「再攝取」〔reuptake〕）。在藥物作用下，威廉不會把球
撿回來重發，而會在輪到他發球時再從背包裡拿出新的網
球、發給亨利，結果球場上在威廉與亨利之間飛來飛去的網
球數量就增加了，其中有一些會飛到亨利那邊，他就會把球
撿起來收進自己的包包。

讓我們從網球場回到大腦。在服用「選擇性血清素再攝
取抑制劑」後，會有更多血清素釋放到突觸間隙，所以有更
多血清素可以和突觸後神經元（postsynaptic neuron，也就是
亨利）的受體結合。這些藥物之所以有「選擇性」，是因為
它們主要是影響血清素的功能，較不會影響多巴胺
（dopamine）、正腎上腺素（noradrenaline）等其他神經傳導
物質。不過別誤會，憂鬱症並不是單一種類的神經傳導物質
功能失常所造成的，其實多巴胺與正腎上腺素也和憂鬱症息
息相關，也確實有些藥物以影響它們的功能為目標，不過這
些藥物沒有「選擇性血清素再攝取抑制劑」那麼常被人服用
（想深入瞭解多巴胺及它在獎勵期待方面的作用，請見本書
第8章）。

許多人認為抗憂鬱藥物會直接影響人的心情，吃一顆就
會像變魔法一樣馬上變開心，但其實不是這樣。你在閱讀介
紹百憂解的小摺頁時，不會看到這樣的資訊：抗憂鬱藥物不
是改變人的心情，而是改變人們的認知偏誤[12]。

憂鬱症的高風險族群，通常更會留意到負面刺激[13]，當

這種人走進人潮洶湧的派對會場時，他們會朝神情害怕或憤怒的人走去，事後也較會記得負面的社交互動（不小心把紅酒灑到別人的白色洋裝上）；至於正面的互動（和白洋裝被弄髒的女人來一場有趣的對話）就不會記得那麼清楚了，而且他們還會把模稜兩可的互動歸類為負面互動（女人其實不是真心想和他對話，只是禮貌地應對一下而已）。在處理資訊時，這類負面偏差會導致對生活經歷的負面詮釋，進而使人心情低落、態度悲觀。

　　抗憂鬱藥物能改變這樣的思考模式，讓人恢復正面處理資訊的思考方式[14]。在服藥後，憂鬱症患者較會留意表情愉快的人和其他正面刺激，事後也能較清楚地記得這些正面事件。這起初並不會讓人心情變好，但在多接觸好事、少接觸壞事與醜事之後數周，人的心情也會好轉。感知、注意與記憶上的變化，會需要一些強化的時間，在那段時間過後才能改變一個人的情緒狀態，這也是為什麼抗憂鬱藥物無法立即改善心情，而是在服藥數周後，才會明顯地發現憂鬱症狀減輕了。

▌血清素之於憂鬱症

　　既然大部分抗憂鬱藥物的作用是改變腦內血清素濃度，那著名學術期刊《科學》在2007年發表的一篇論文，應該就沒那麼令人震驚了——那篇論文寫道，我們能用一段決定血

清素功能的基因，預測一個人罹患憂鬱症的機率[15]。那段基因能轉譯成血清素轉運體（serotonin transporter），而該基因的對偶（「對偶基因」〔allele〕，是指某個基因的DNA序列）可以是長版或短版。每段基因都有兩個對偶，一個人擁有兩條長版、兩條短版或一長一短的血清素轉運體基因，就會決定血清素轉運體的表現與功能，進而影響血清素本身的功能。在兩個對偶基因都是短版的情況下，血清素轉運體的功能效率較低，而有這種對偶基因的人罹患憂鬱症的機率會是一般人的兩倍——不過，前提是他們經歷了失業、離婚、破產或健康問題等壓力事件[16]。換句話說，血清素轉運體效率低，並不會直接提升憂鬱症對人的影響，而是會降低人們對壓力因子的抗性，讓人更難克服人生中的風風雨雨（這就像免疫系統功能低下一樣）。

人類並不是在面對逆境事件時，會表現出憂鬱症狀的唯一物種，我們在前面也看到，賽里格曼的狗在遭受自身可控制範圍外的電擊後，有了憂鬱表現。血清素功能相關基因與憂鬱行為之間的關聯，也不是只有在人類身上才得見——賽里格曼從沒採過狗狗的口水樣本、檢驗過牠們的基因組成，不過有其他針對非人類動物的研究顯示，血清素功能與憂鬱行為之間的關係，在演化過程中很久以前就出現了，連在老鼠身上也能找到這樣的關聯。

各位也許會認為，老鼠和人類差非常多，憂鬱症明明就

是多數人認為反映人類脆弱本性的病症，那怎麼可能在老鼠身上看見這麼複雜的疾病呢？老鼠與人類之間存在許多差異：老鼠比較小，有長長的尾巴和尖尖的耳朵，也常被體型較大的鳥類活活吃下肚──這可是人類極少遭遇的事。老鼠怎麼會思索生命的意義，或為情所苦？（不過牠們的確和人類一樣，常常半夜到廚房找東西吃）。雖然兩個物種之間存在許多差異，老鼠還是和人類親緣關係近、又能讓研究者相對輕鬆地進行基因工程的實驗室動物。基因被改造的老鼠被稱為「基因剔除鼠」（knockout mice），意思是身上有一種基因被「關掉」了。科學家可以關掉一群老鼠身上某一段特定基因，探討這些老鼠和沒被改造基因的老鼠之間，有什麼行為差異，從而找出那段基因所調節的程序。

　　為探討血清素轉運體基因扮演的角色，研究者在一群老鼠身上干擾了那段基因。起初，基因剔除鼠似乎和控制組鼠（沒被改造基因的老鼠）沒什麼差別；但把老鼠放進壓力大的環境後，研究者發現兩組間的差異。基因被干擾的老鼠對壓力因子的反應較劇烈，行為上表現出較多恐懼行為，生理上體內的壓力激素濃度較高[17]。

　　之所以研究這些基因改造過的老鼠，不是為了多瞭解這種小動物，而是希望能多瞭解人類。血清素功能效率較低的人類，會不會在面對壓力大的情境時，也產生比較劇烈的生理反應？答案是：會。一場大腦成像研究的結果顯示，擁有

短版對偶基因的人在面對害怕或憤怒的人臉、負面詞語（如「癌症」），以及令人不安的圖片（如肢體殘缺不全的圖片）時，杏仁核活化程度較高[18]。那麼，為什麼這些有短版對偶基因的人，在面對壓力事件時，杏仁核就會過度反應呢？

杏仁核藏在大腦深處的構造，負責處理情緒性刺激，也參與對這些刺激產生生理反應的程序。杏仁核活動受額葉皮質的一些部分——特別是前扣帶皮質（anterior cingulate cortex，ACC）——調節，如果某個人的血清素轉運體基因屬於短版對偶，那麼其前扣帶皮質與杏仁核之間的連結就會比較少[19]，這表示這兩個腦區的溝通效果較差，導致前扣帶皮質降低杏仁核面對恐懼與壓力時的反應功能也會較差。不過這會造成什麼問題呢？在某些情況下，本來是該產生恐懼反應沒錯，但是在身體不再需要恐懼反應時，調節效率差就會造成一些不理想的結果。舉例來說，假如我把你關回電擊室，你想到自己隨時可能被電，身體理應會產生恐懼與焦慮反應。這時，你的心跳會加速、額頭會開始冒汗，腦中只會有一個想法：電擊什麼時候會來？如果過了10分鐘電擊還沒來，你會開始冷靜下來；再過一個小時後，你就會完全放鬆下來，邊哼歌邊思考著晚餐要吃什麼。這個過程被稱為**恐懼消除**（fear extinction）——你發現原本的威脅，不再構成威脅了。在恐懼消除過程中，前扣帶皮質會調節杏仁核的活

動；但在擁有短版對偶基因的人的腦中，這兩個腦區之間的連結相對不足，所以這些人在消除恐懼方面會出現障礙，因此較可能維持高度焦慮，並容易罹患憂鬱症與產生其他情感障礙。

　　憂鬱症並非單一神經傳導物質功能失常所造成的疾病，也不是單獨一、兩個腦構造有缺陷造成的；它和其他許多精神疾病一樣，反映了系統整體的故障。這裡說的系統，包括我在本書討論的許多腦區──在記憶方面扮演重要角色的海馬迴；參與運動功能、獎勵處理、產生對快感與痛感之期待的紋狀體；以及我沒那麼深入討論的一些腦區，包括視丘（thalamus）與韁巢（habenula）。在憂鬱症患者腦中，這些區塊經常發生不正常的活動，它們之間的溝通也受到阻礙。但有研究者發現，如果要治癒憂鬱症患者，有時只要針對一個腦區進行治療就可以了【20】。單一腦區的變化，就可改變其他相連構造的功能。

▋ 情緒控制系統「被劫持了」

　　醫師能怎麼改變特定腦區的功能呢？答案是「腦深層電刺激術」（deep brain stimulation）（我會在第8章簡單提及這種技術）。這是種侵入性手術，醫師會在病人腦中植入電極，接著以高頻率電擊刺激腦部組織。電極和小電池相連，

電池通常會埋在病人的鎖骨附近，而電極系統受外部裝置控制，可遙控開關、控制對腦部的電刺激。

腦深層電刺激術，是廣為人知的帕金森氏症（Parkinson's disease）治療法之一；但在治療憂鬱症方面，卻只有嘗試用在相對少數的病人身上。現於埃默里大學工作的海倫·梅伯格（Helen Mayberg），是最初將這種技術應用於憂鬱症治療的人，她在多倫多大學（University of Toronto）工作時和同事進行這方面的嘗試，試圖以此法治療迫切想找到治癒方法的憂鬱症重症患者。這些病患已經試過精神療法（psychotherapy）、抗憂鬱藥物、電痙攣療法（electroconvulsive therapy）等其他各種療法，病情卻不見起色，梅伯格希望能針對病患腦中功能最常發生狀況的腦區：膝下扣帶皮質（subgenual cingulate cortex，前扣帶皮質的一部分），進行治療。

梅伯格本人也表示，她當時並不知道這種療法會有什麼效果[21]，從沒有人對憂鬱症患者的膝下扣帶皮質動過手術，幸好她觀察到的效果超乎預期。梅伯格的第一位病人是個長年受重度憂鬱症所苦的女性，該病人躺在手術台上，頭部用金屬框架固定住，神經外科醫師在她大腦左右兩側鑽兩個小孔。手術過程中病人保持清醒，知道醫師將在她腦中插入小小的異物，但卻絲毫感覺不到異樣。在神經外科手術中，醫師經常讓病人保持清醒，以便監測他們的認知與運動功能。醫師必須在手術過程中確認病人的語言能力都正常，確認她

能辨認人臉、移動手指與腳趾，同時也知道病人在想什麼、有什麼感受。

外科醫師在病人大腦的兩個洞裡分別插了一根電極，插到膝下扣帶的白質神經纖維（white-matter tracts）中，接著讓電極通過一點電流。這是一個關鍵時刻，當白質神經纖維受到刺激後，病人的認知是否會發生變化？她的心情會改變嗎？手術室裡瀰漫著忐忑期待的沉寂，然後……什麼都沒發生，病人根本就沒注意到刺激。但是，這並不代表手術失敗了。每一根電極都在幾個不同的位置接觸大腦，雖然對第一個接觸點的刺激沒有造成明顯變化，第二個接觸點就不同了——醫師對第二個接觸點通了中等強度的電流。「你們是不是做了什麼？」病人問道。「我有種很強烈的平靜或安心感，這種感覺真的好難形容，就像是春季的第一天，番紅花剛在雪地綻放的時候。」這句話引起梅伯格的興趣。「等等，妳看到番紅花了嗎？」她問道。「不是不是，我只是在想，有什麼東西能引起這樣的情緒狀態，這種平靜又滿足的感覺。」病人答道。在多年後重新回憶那一天，梅伯格表示：「她彷彿在初春的第一天走到戶外，看見花朵綻放，她似乎發現那種萬物復甦、春天到來的感覺。這是最令人難以置信，也是最富詩意的描述。」[22] 不是所有病人都和這位女性病人同樣出口成章，但在為大多數病人執行手術時，梅伯格都能觀察到情緒狀態上的變化。她能在病人的臉部表情看

見變化——在第二個接觸點的電流流通時，病人的臉會突然放鬆。其中一人的描述是，那是種將注意力從內在痛苦，轉移到外在人事物的能力。

梅伯格強調，這些病人並不是體驗到「變快樂」的感覺，而是「恢復控制」的感覺。套句梅伯格的說法，在手術前，病人的情緒控制系統「被劫持了」，而在施以腦深層電刺激後，情緒控制系統「被釋放了」，於是平靜與放鬆的感受也隨之而來。「在這個特定位置，流通這一點點電流，就能讓系統恢復平衡。」她表示[23]。在梅伯格的病人腦中，一旦負責監控工作的額葉皮質與皮質下情緒系統恢復有效率的互動，憂鬱症就會不藥而癒。梅伯格的病人中，有三分之二的人因腦深層電刺激療法，而讓病情從此好轉。

▌ 樂觀特質與基因有關

有趣的是，在探討樂觀心態的過程中，我和同事發現，如果觀察梅伯格做電刺激治療時針對的腦區，以及該腦區的活動，我們就能預估實驗受試者的樂觀指數[24]。各位可能還記得，我們在第一個樂觀心態大腦掃描成像研究中，觀察到健康、樂觀的人在幻想可能的未來事件時（如一次陽光明媚的渡輪之旅），前扣帶皮質與杏仁核之間的連結與溝通會特別明顯；相較之下，這些人在想像負面事件時（如遺失錢

包），前扣帶皮質與杏仁核之間的連結與溝通就沒那麼明顯[25]。所以，憂鬱症和前扣帶皮質與杏仁核連結受阻有關（兩個腦區連結受阻，因此無法正常發揮調控情緒的能力），罹患憂鬱症的人也會更加注意令人不快的刺激；至於樂觀心態，則和前扣帶皮質與杏仁核之間連結通暢相關（兩個腦區連結通暢，因此能有效率地調節情緒），樂觀者也會較注意正面的刺激。另外就如前面所述，憂鬱症也和血清素轉運體的短版對偶基因有關；那麼，樂觀心態莫非和血清素轉運體的長版對偶基因有關？

　　確實有研究顯示，擁有兩段長版對偶基因的人，通常會較樂觀，在樂觀特質評量上的分數較高[26]、生活滿意度較高[27]，且根據心理學者伊萊恩‧福克斯（Elaine Fox）在艾塞克斯大學（Essex University）的一次研究中，這些人看事情時，通常會往好的方面想。在她的研究中，福克斯給受試者看了一些照片，一些是正面刺激（如微笑的人臉或冰淇淋）；一些是負面刺激（如愁眉苦臉或蟑螂）；也有一些不好不壞的中性照片。她發現，擁有兩段長版對偶基因的人較常被正面刺激吸引，對中性刺激就沒那麼注意，而對負面刺激的注意就更少了。福克斯因此得到結論：這樣的注意力偏差能達到保護效果，讓人免於清楚地注意到生活中的負面部分，並加強人們往好處去想事情的傾向。然而在擁有一段或兩段短版對偶基因的受試者身上，福克斯就沒觀察到這樣的正面偏差[28]。

　　我們對痛苦或喜悅的關注，確實有部分受基因影響，但也和環境、健康及每個人獨特的經歷相關（還有許多其他相關因素）。最終引發憂鬱症或防止我們陷入憂鬱的，是以上所有因子的組合。

第 7 章

星期五為什麼
比星期天好？

期盼的價值，與畏懼的代價

Why Is Friday Better Than Sunday?
The Value of Anticipation and the Cost of Dread

1　19.5秒。把一杯完美的健力士（GUINNESS）啤酒送到你面前，只需119.5秒[1]。酒杯先以45度角放在瓶口，接著是傳說中的分次倒法：先倒四分之三杯，稍微等氣泡安定下來形成綿密的酒沫，然後再倒滿整杯[2]。分次倒法起源於這種深色愛爾蘭啤酒仍是直接從酒桶倒出來的年代，調酒師會先用較陳的黑啤酒倒上四分之三杯，等到客人走進來點啤酒，調酒師才會用較新鮮的黑啤酒倒滿整杯，好形成綿密的酒沫[3]。現在去酒吧點的健力士已經不再混合老酒與新酒了，但以往的分次倒法卻存留至今，甚至成了一種規定。健力士公司還開了「完美啤酒訓練課」，確保人們在世界各地每次喝到的健力士啤酒，都能喝到厚約三分之一到二分之一英吋的完美綿密酒沫[4]。分次倒法能流傳至今，純粹是因為這樣能倒出綿密酒沫、啤酒也不會滿溢出來嗎？根本就不是。這種小心翼翼的119.5秒倒法，創造出遠比酒沫更重

要的東西。它創造出一些人在喝健力士啤酒時，最為關鍵的
體驗——期盼。

　　1994年11月，健力士公司推出堪稱該公司最成功的廣告
之一，為人們對一杯啤酒的興奮及迫不及待增添幾分戲劇
感。那則廣告名為「期盼」，只見一位客人等著調酒師為他
倒啤酒的同時，興奮地手舞足蹈。廣告全長只有短短60秒，
但那60秒與接下來的那句著名廣告詞——「好東西，就該歸
願意耐心等待的人」——引發巨大的轟動，公司銷售額也因
此迅猛暴增，健力士從此成了家喻戶曉的品牌。

▌「期盼」的價值

　　健力士公司的行銷部門，點出人性中一個常被忽略的面
向：**期盼的享受**。有時候，比起對某件好事的「體驗」，我
們對那件事的「期待」，反而更令人感到愉快。我們會在開
始旅行度假前，花好幾個鐘頭愉快地做白日夢，幻想一段美
好的旅行——甚至還沒上飛機，這趟旅程就已經值回票價
了。我們滿心期盼地為接下來的約會做準備，內心欣喜雀
躍，腦中浮現各種可能情境；小時候在萬聖節或生日來臨數
周前的興奮與激動；和親愛的家人朋友團聚前，那種迫不及
待的狂喜……類似經驗想必多得不勝枚舉。

　　我們都感受過期待的喜悅，卻甚少在做決策時，把這份

期待的價值也考慮進去。究竟有多少人說過：「嗯，光是期待去威尼斯度假，就能讓我得到好幾個禮拜的喜悅了，所以周末花1000美元出國度假，也是非常值得的。」我們可能不認為期盼本身可以是滿足感的來源，但這是不言自明的事實。且看以下這個情境：你深愛的配偶知道你最喜歡的樂團要開演唱會了，於是買了票當作你的生日禮物。這支樂團預計會在你們居住的城市表演數周。「你想什麼時候去？」伴侶問你。「今晚、明晚、後天、5天後，還有下禮拜的場次都還買得到票。」你會選哪一天的場次呢？

在有得選的時候，人們寧可稍微等一下，也不想立刻享受好東西。我們大多數人都會選擇去幾天後的演唱會場次，而不是今天馬上去。卡內基美隆大學（Carnegie Mellon University）經濟學者喬治・洛溫斯坦（George Loewenstein）在一份調查研究中，問受訪的大學生願意花多少錢，請他們選的名人給他們一個吻[5]。

請想像X（你可以自行填入喜歡的名人——安潔莉娜・裘莉？布萊德・彼特？鄔瑪・舒曼？）的熱吻，在絞盡腦汁決定好「X」要填入哪個名人的名字後，寫下自己願意花多少錢讓這個人吻你——現在的吻、1小時後、3小時後、24小時後、3天後、1年後或10年後的吻，分別價值多少錢？

洛溫斯坦發現，平均來看，比起立刻獲得名人的吻，人們願意花更多錢獲得1年後的吻。現在獲得一個吻，就表示我

們根本沒時間可以期盼，那就等於放棄了等待的樂趣，以及想像自己得到那個吻、想像那個情境時的快樂。但是，假如我們預期1周後會得到名人的吻，那就可以頻繁地想像將來那個事件，每一次想像都能產生短暫的喜悅。受訪的學生願意多花一些錢在1年後得到那個吻，花的錢甚至可稍微多過3小時後的吻。話雖如此，學生們都不願意等上10年——誰知道我們現在喜歡的對象，過10年後還會不會這麼討人喜歡？受訪者最理想的等待時間是3天，這反映了「期盼的喜悅與衝動（impulsivity）」之間的平衡（我們會在稍後討論衝動所扮演的角色）。

　　人們想花一點時間等待獎勵事件，而不是立刻得到獎勵，就表示我們會從對未來事件的期盼與幻想當中獲得樂趣。就算我們當下的狀態沒有很理想（例如周五晚上還在辦公室加班），光是想到接下來的周末，我們就能感到快樂了。如果請人們排列一周7天的偏好次序，周五明明是上班日、周日明明是休息日，人們還是會把周五排在周日之前【6】。難道大家寧可工作，也不想玩樂嗎？並不是。周六也是放鬆休閒的日子，其排名就比周五、周日都來得高。

　　那麼，人們為什麼偏好星期五，而不是星期天？理由是，星期五帶來一種**希望**——我們對接下來的周末與自己規畫的所有活動（或耍廢休息）充滿希望。星期天雖然是休息日，卻沒辦法帶給人們期盼的快樂，我們反而可能會在公園

裡野餐、在城裡逛街時無法愉快地享受，因為一想到接下來的五個工作天就高興不起來。無論好壞，我們的情緒狀態都取決於眼前的世界，以及對未來世界的期待。

▍比起擔心害怕，人類寧可立刻面對痛苦

再想像另一種情境：你在牙醫診所等著做年度的牙齒檢查。牙醫幫你檢查牙齒時告訴你：「不好意思，你需要做根管治療。」由於後面沒有人預約，所以牙醫可以立刻幫你做根管治療，不然你也可以過幾個小時回來，或下星期再做。這時，你會怎麼選？在面對負面事件時，多數人會選擇「早死早超生」，理由很簡單：我們想避開預期的痛苦所帶來的畏懼感。比起花時間擔心害怕，人們寧可立刻面對痛苦，讓事情早點結束。

果不其然，洛溫斯坦問受訪者願意花多少錢避免遭受120伏特的電擊，而電擊可能是立刻、3小時後、24小時後、3天後、1年後或10年後發生——面對這個問題，學生們表示他們願意花最多錢避免10年後遭受電擊。而且，相較於立刻遭受電擊，他們願意付將近兩倍的錢，避免10年後的電擊[7]。在另一場研究中，受試者真的會遭受電擊，這時其中一些受試者實在不想體驗等待的痛苦，所以表示他們寧可立刻接受較強的一次電擊，也不想在等一下遭受較弱、較不痛的一次電擊[8]。

　　這些人的選擇也許會顯得不理性，傳統經濟理論學者也絕對會如此認為——根據古典的決策制定模型，人類是理性的存在，因此會盡量將「預期的效用最佳化」[9]。「效用」（utility）是經濟學用語，指的是一件物品的相對希求度，或是我們能從這件物品獲得的滿足感。人們對電擊的希求度極低，當然也不會從中獲得滿足感，所以如果用1到100分來幫120伏特的電擊評分（1分表示完全不痛，100分表示令人痛不欲生），分數應該會在40分左右。假設人們願意花100美元避免這40分的痛苦，那無論是為了避免現在或10年後的痛苦，我們都應該要願意花這100美元——這是因為我們預期兩種情況的痛苦程度相當。那麼，假設你願意花100美元避免今天被電，也願意花200美元避免1年後被電（可是在兩種情況下，預期的痛苦同樣是40分），這種行為不是很不理性嗎？應該是真的不理性……吧？

　　古典決策制定理論沒考慮到的，是「畏懼」的負向價值（即使到了現代，許多經濟學理論還是沒考慮到這點）。如果考慮到「期待」這一個因子，前面形容的行為就顯得十分理性。確實，無論是現在或10年後遭受120伏特的電擊，痛感都同樣是40分，避免那股痛楚的價值也都同樣是100美元。然而，我們還必須考慮到你在等著被電的這10年，糾纏內心的種種苦惱，也許，多花100美元以避免這10年的恐懼，反而很值得。因此，人們願意多花一倍的錢避免未來一件負面事件

發生，其實是十分理性的行為。現在被電就表示我們沒時間考慮可能的負面後果，不會每次想到以後要遭受電擊，就有種胃在下沉的恐懼感。

　　多花一些錢避免未來的負面事件不僅合理，甚至不這麼做反而很愚蠢。對負面事件的預期會對身心健康造成負面影響，有時這些影響甚至會比實際經歷事件的效果還要可怕──我們可從1970年代中期美國兩家製造工廠的員工身上，看見這樣的現象。其中一家工廠位於熱鬧的都會區，另一家則位於人口只有3000人的鄉村地帶；第一家是油漆工廠，第二家生產的則是批發與零售業使用的展示架。兩家工廠的員工包括機械操作員、實驗助理、貨運部門職員、生產線工作人員，以及工具與模具工作人員，這些人在這兩家工廠工作的年資平均是20年。不幸的是，兩家工廠都即將關門大吉，所有員工都將失業。

　　數月來，員工都懷著「我會在幾周後失業」的想法去上班，一想到自己會失去這20年來每天上班的工作場所，他們就覺得壓力很大。這股焦慮有很大一部分源自對未來的不確定性。他們該怎麼面對失業後的生活？之後還能找到下一份工作嗎？

　　科學家追蹤了這些員工在工廠倒閉前後的狀況，發現在工廠倒閉前員工抱病的天數，比之後失業數周時的天數來得多【10】。對失業的預期與焦慮，員工的身心健康造成影響；但諷

刺的是，當真正失業以後，他們反而變健康了。失業以後，他們對失業生活的不確定感消失了，焦慮感也下降了；他們不再漫無目的地擔心未來，而是把重心放在找新工作上。

▌對好事的期待度越高，愉悅感越強

幾年前，有朋友送我一份生日驚喜：雙人高空跳傘。我必須說，我從沒說過自己想從飛到半空的飛機裡跳出去，也從沒想過要以時速約120英哩的高速，從1萬5000英呎的高空墜到地面。話雖這麼說，我還是準備這麼做了。

朋友最初打算讓我在毫不知情的情況下被載到紐約的一座牧場，也就是高空跳傘學校的所在，接著在那裡揭露為我準備的生日驚喜。但再三思考後，朋友決定還是先讓我適應「從飛機上跳出去」這個想法，這樣我才有辦法做心理準備。因此，朋友改在3天前揭露這個驚喜，我現在有72小時可以琢磨接下來的跳傘行動。如果你喜歡這種活動，這就是期盼與興奮的72小時；如果你不喜歡，那這就是整整3天的折磨——我體驗到的是後者。這3天，我走在路上就彷彿知道自己大限將至，於是我轉而上網求助。

我用Google搜尋「跳傘」與「死亡」，發現美國每年在跳傘時死亡的人數大約30人。乍看下，30人似乎很多，不過每年在美國發生的跳傘次數是250萬次，所以死亡人數只占很

小很小的比例。我再仔細調查一番，發現雙人跳傘（和教練固定在一起跳傘，也就是我要去的那一種）的重傷或死亡案件更是極少，真是好消息。我雖然經歷了3天的恐怖期待與壓力，卻也用那段時間查了關於可怕事件的資料，獲得了一些知識。我查到的資訊有助減輕心中的恐懼，讓我更能享受跳傘的體驗（沒錯，最後我竟然樂在其中，非常享受那種腎上腺素帶來的刺激）。

　　現在，假設這件事發生在還沒有Google的年代，假設我完全找不到任何關於高空跳傘的資訊——我找不到任何有跳傘經驗的人，找不到有任何相關知識的人，也查不到任何統計數據。在這種情況下，我想必會在焦慮中度過3天，一直想像著最糟的情境。預期的負面事件如果真的發生，當然感覺很糟，但這會影響到我們對事件本身的體驗嗎？我們對根管治療的懼怕，會不會使治療體驗變差？我們對電擊的害怕，會不會讓我們在實際被電時感到更痛？

　　《科學》期刊在2006年刊登一篇神經造影研究，研究顯示負面的期待，會使實際體驗惡化。進行研究的科學家表示，擔心接下來被電擊的人如果等得久一些，那真正遭受電擊時就會覺得更痛[11]。換句話說，如果你為之後的根管治療坐立難安，那還是盡早把事情解決掉比較好，這樣不僅能避免等待過程中的擔心受怕，現在就接受治療，也會比一周後接受治療的疼痛程度來得低。有趣的是，參與者在被電之前

經歷的畏懼程度高低，並沒有改變他們在遭受電擊當下的腦部活動，只有在被電之前，畏懼程度才和大腦的「疼痛基質」（pain matrix）活躍度有關。「疼痛基質」是多個腦區形成的網路，這些區塊都和處理疼痛經驗的不同層面有關，其中包括對肢體疼痛產生反應的「體感覺皮質區」（somatosensory cortex），以及杏仁核與吻端前扣帶皮質等可能對情緒處理產生反應的腦區。

在預期事件發生時，強烈畏懼電擊的人，平時負責處理疼痛之物理強度的腦區（例如體感覺皮質區）會比較活躍。這就表示，面對對電擊的預期與電擊本身，大腦會產生類似的反應，預期心理似乎模擬了實際的疼痛體驗。除此之外，畏懼者腦中調節對疼痛注意力相關的區塊也比較活躍，表示畏懼加強了人們對預期的肢體痛覺的注意力。如果我們預期負面事件發生，就會使平時用來處理肢體痛覺的腦區活躍起來，那可想而知，對疼痛事件的預期自然會對心理健康造成負面影響，而且是和實際體驗痛苦類似的影響。

同樣地，對好事的期待似乎能活化一些神經系統，而這些就是實際經歷愉快事件時，會活躍起來的系統。舉例而言，我和同事們做過一場研究，結果顯示當人們幻想未來去度假，腦中的紋狀體——會對食物、性愛與金錢等實際獎勵產生反應的腦區——也活躍了起來[12]。這當然不代表幻想度假或幻想美味多汁的起司漢堡，和實際上去海灘或吃漢堡的

效果一樣，但有時候我們從想像那顆漢堡所得到的快感，會很接近實際咬下去時的快感。

不過，漢堡並不是生而平等，比起沒有加料、乾巴巴的漢堡，我們可能比較喜歡吃夾了生菜與起司、鮮美多汁的漢堡。另外，比起剛吃飽，我們肚子餓的時候會比較享受吃漢堡的感覺。但是，在我們期待吃漢堡時，這些差異真的重要嗎？我們從期盼當中獲得的快感，取決於哪些因素呢？

重要的因素有幾個[13]。第一，我們對漢堡美味程度的**期待越高，從期待中獲得的愉悅感就越強**。假如我們之後要吃的是生菜沙拉和豌豆，可能就不會從對這一餐的期待中得到太多喜悅（除非特別愛吃生菜沙拉和豌豆）。第二，我們**越能鮮明地想像事件發生，就越能從對事件的期盼中獲得愉悅感**。假如我們無法鉅細靡遺地想像那顆漢堡，包括香味與口感，那我們的期盼就不會那麼令人愉悅。第三，你**心目中這件事情發生的可能性，也會影響期盼本身所帶來的愉悅程度**。假如我們認為自己無法在午休時間出去吃飯，那光是幻想那顆遠在天邊的漢堡，就無法帶來太多快樂。最後，時間也是一大重點。隨著午休**時間越來越近**，你對午餐的**期盼與興奮感就會越來越強烈**。

以上這些原則，自然也適用於我們對負面事件的預期。如果我們想像中的根管治療非常痛；如果還能鮮明地想像治療過程中的聲音、電鑽的震動；如果接受根管治療的可能性

很高；如果接受治療的時間就快到了……那麼，我們對根管
治療的預期，也會伴隨更多恐懼。此外，如果認為根管治療
很快就會發生，那心裡就會更加恐懼。然而，人們會選擇早
點而非晚點接受治療，是因為他們會把現在到治療時間所有
的畏懼時刻加總起來，而晚接受治療的畏懼總和，比早接受
治療來得高。

▌ 樂觀思維能使愉悅感最大化

讓我們回想那個等著喝一杯健力士啤酒，愉快地手舞足
蹈的客人吧。這位客人是「杯子半滿」型還是「杯子半空」
型的人？假如他是「杯子半滿」型，那他會從對啤酒的期盼
中，獲得更多愉悅感嗎？

從定義上來說，樂觀偏誤是指人們高估正面事件發生機
率、低估負面事件發生機率的傾向。不僅如此，樂觀者在想
像正面的未來事件時，會比在想負面未來事件時更詳細、鮮
明；他們也會預設這些正面事件，會發生在離此時較近的時
間點。所以，你越是樂觀，就越有可能想像正面事件將發生
在近未來，會把這些事件想得更詳細，也會認為正面事件發
生機率高過負面事件[14]。如上所述，調節樂觀心態的因子，
同時也是會影響期待價值的因子：**預期的愉悅感、想像的鮮
明程度、預期事件會發生的時間**。

在想像酒沫綿密的健力士啤酒等正面事件時，樂觀心態
會造成以下幾種效果：第一，提升對自己拿到那杯啤酒的期
待；第二，加強想像酒杯冰涼的觸感與啤酒綿滑口感的能
力；第三，提升心目中自己喝到那杯黑啤酒的可能性。結果
就是，**樂觀心態會提升這份期待所帶來的喜悅**。至於悲觀者
呢，他們可能無法鮮明地想像健力士啤酒、預期調酒師會花
很長一段時間才準備好飲料，可能還會擔心這家酒吧的健力
士啤酒賣完了。這位悲觀的客人最終拿到啤酒時，可能還是
會喝得很愉快，但他享受不到喝酒前那119.5秒的快感，也不
太可能邊等飲料上桌，邊在酒吧裡手舞足蹈。

在想像失業等負面事件時，也能套用相同原則。樂觀者
會認為自己被炒魷魚的機率不高，不太能詳細地想像那種情
境，而且會認為就算自己真的失業，那也是發生在遙遠的未
來。結果呢，樂觀者不會感受到太多畏懼、焦慮與壓力。而
悲觀者呢，他會確信下一個被開除的就是自己，自己可能明
天就會丟工作，而且還會鉅細靡遺地想像這個可怕事件。預
期（可能不會發生的）失業情境不僅令人產生反感，還會帶
來壓力，對身心健康造成負面影響。

那麼，樂觀偏誤之所以發展出來，部分原因可能是因為
**樂觀思維能使人們預期好事發生的愉悅感最大化，並使人們
預期壞事發生的負面影響最小化**。假設1顆漢堡等同100個
「單位喜悅」，那光是對漢堡的期待，樂觀者就能比悲觀者

獲得更多單位的喜悅，最終提升從漢堡得到的愉悅感總和，心理健康狀況也會有所提升。這時我們會想問：既然樂觀者比悲觀者更能夠從預期心理獲得愉悅感，那他們是不是也比較願意延遲享樂，延長期盼的時間？

▍時間折價：比起未來，人們更重視現在

這個問題的答案相當複雜，因為我們在決定何時享樂時，並不是只考慮到「期待的價值」這一因子，至少還會考慮到另一個關鍵因子：「時間折價」（temporal discounting），指的是人們**比起未來，更重視現在**。舉例來說，如果你可以選擇今天獲得100美元或1個月後獲得100美元，你很可能會選擇今天拿錢，這並不是什麼困難的決定。但是，如果你可以今天拿100美元或1個月後拿105美元，你會怎麼選？多數人寧可今天拿100美元，也不要1個月後拿105美元，甚至會有人放棄1個月後的150美元，選擇今天拿到100美元[15]。

這麼看來，我們會覺得「時間折價」和「期盼」造成互相矛盾的效果。因為「時間折價」促使我們盡快享用好東西，並把痛苦拖延到我們無法想像的未來。這不僅是因為人們往往比起未來更重視此時此刻，也是因為人們（明智地）認為未來有太多不確定性[16]。因此我們會比較想現在吃桌上那塊巧克力蛋糕，而不是放著晚點再吃，因為說不定待會就

會被貓吃光。我們可能會決定下禮拜再大掃除，因為說不定到時候另一半已經都打掃乾淨了；但是如果我們很確定配偶完全沒有要打掃的意思，那可能就會決定早點動手做掃除。同理，如果我們有一顆魔法水晶球，能看到美味的巧克力蛋糕在冰箱裡存放也依舊新鮮美味，而且不會被別人吃掉，那我們可能會願意延遲享受，拉長期盼的時間。然而，即使我們住在有魔法的宇宙，能確切地預知未來，人們還是會在某種程度上幫未來的價值打折。如果我們完全不折扣未來，就永遠不會真的把蛋糕吃下肚，也永遠不會把收藏在地窖裡那瓶珍貴的美酒拿出來喝，而是會一再延遲享樂、一再延長期盼的快感。

　　「期盼」與「時間折價」，會把我們往兩個不同的方向拉扯，直至達成平衡。期盼的愉悅感能讓我們有耐心，但時間折價則會使我們衝動。至於我們最終的決定，則是反映兩種因子之間的平衡。當期盼未來獎勵能帶來的價值高過立刻享用獎勵的價值，我們就會延遲享受；如果現在享用高級瑞士巧克力的欲望高過期盼的喜悅，那我們就會選擇一把撕開包裝紙。

　　在人們決定要不要享受期盼過程時，會受很多因素影響。難得一遇的事物（如昂貴的香檳或年度假期）或許值得慢慢去期待；但能一再享受的事物（如伴侶的一個吻），就會在人們產生欲望時立即實現。還有一個左右人們決定的因

素，那就是那件事物現在的價值，是否比未來的價值還大。

有沒有看過《倖存者》（*Survivor*）[1]這個真人實境節目？在《倖存者》中，已開發國家的參賽者會被帶去一座熱帶無人島，讓他們自生自滅。這些人除了身上的衣服之外什麼都沒有，沒有手機、沒有音樂播放器、沒有開罐器，就連衛生紙也不准帶。參賽者能使用竹子與可食用果實等島上找得到的物品，也會拿到有限的水與食物——食物通常是米。第一天結束時，倖存者都餓壞了，但他們知道這種飢餓感只會與日俱增，而食物可能會越來越少。他們該把有限的米留到幾天後吃嗎？是不是該把米分成幾個小份，每天吃一點？還是他們該現在把所有的米吃掉，祈禱自己接下來能成功生存下來？

做決定的困難處在於，參賽者必須有辦法預測自己在未來需要什麼，以及需要多少，這真的令人頭疼。參賽者必須考慮自己在島上找到更多食物的可能性，以及自己能不能每天只吃幾公克的米。

伊蘭是個樂觀的參賽者，她認為天亮以後大家一定能找到很多莓果和椰子，甚至有機會抓到魚，因此她提議今晚就把米吃掉。她表示，吃了米飯之後，大家明天才有力氣出去覓食。派崔克就沒那麼樂觀了，他不認為團隊成員在不久的

---

1 該節目總共有54季，台灣Much TV曾經將節目名稱翻譯為《我要活下去》，播映過第1、2季。

將來能成功找到食物，所以他提議盡可能保存現有食物。

　　偏好現在吃米而非保存食物的伊蘭，乍看下「貼現率」（discounting rate）很高——貼現率是經濟學術語，意思是她認為現在比未來更重要。經濟學者認為貼現率高的人會較衝動，也覺得這些人應該更關心未來才好。這種人沒有儲蓄帳戶，還可能會喝酒、抽菸等不健康的行為，這些都會導致負面後果。不過伊蘭倒不見得是衝動派，也不見得不在乎未來，她偏好現在吃米飯是因為她對未來有樂觀的期待。在她的美好假設下，立刻把米吃掉而不留到明天，也許是合理的決定。

　　為正式測試樂觀思維是否會影響貼現率，阿姆斯特丹大學（University of Amsterdam）一群科學家進行一場研究，他們請受試者想像自己受雇於一家大公司[17]。在想像情境中，這家公司的營運非常好，高層決定幫所有員工加薪。這時，員工可選擇現在馬上開始加薪、持續12個月，之後薪水會回到目前的金額；或者他們可以選擇先等待12個月，然後連續加薪36個月。受試者會怎麼選？

　　許多受試者選了立即性的短期加薪，而不是1年後的長期加薪。為什麼？他們怎麼會放棄連續加薪36個月，選擇只加薪12個月？前者價值明顯較高啊！這群荷蘭科學家提出的假說是：人們選擇立即性的短期加薪，是因為對未來懷有樂觀看法。舉例而言，受試者可能相信公司會持續賺錢，在12個月過

後，會決定再發一次獎金給員工。這些人或許也心想自己能用
這筆立刻到手的錢做其他投資，長期下來可賺到更多錢。

為測試假說，研究者找了新的一群受試者重新再做一次
研究，但這次的假想情境稍有不同。這回，受試者要想像的
情境比上回多了不少限制：他們被告知公司只會加薪一次，
所以12個月後不會有第二次加薪機會；另外，研究者也告訴
他們，加薪額度會因應利率與通貨膨脹做調整，如此一來受
試者就比較沒有太多空間想像未來情境。在這些條件下，受
試者沒辦法把未來想得太美好，所以選擇等待1年後獲得長期
加薪的受試者，多過選擇立刻開始短期加薪的人數。

另外還有一群參與者被告知公司營運不善，所有人的薪
水都會調降10％，員工可選擇接下來12個月都減薪，或1年後
減薪36個月。在未來相對不受限的情況下，受試者傾向延遲1
年後大幅減薪，而不是立即開始小幅減薪。受試者也許是認
為公司的營運狀況可能會逐漸好轉，最終決定取消減薪；不
然就是認為自己能在1年內找到更好的工作，以避免被減薪。
然而，在未來條件較確切的情境中（研究者告訴受試者，每
個人早晚都必然會被減薪，且員工不得換工作），較多受試
者選擇立即減薪，而不是延後減薪。研究者從這些數據得到
的結論是：「時間折價」，有部分是源自人們抱持「好事會
接二連三降臨，未來的損失是可避免的」這種信念。這樣的
解釋方式似乎相當合理，能說明人們為什麼選擇現在享受獎

勵、把損失延到未來……然而，也有人提出其他具說服力的
說法。

▎麥可‧傑克森與他堆積如山的債務

　　有一種說法，與我們對未來的看法有關。請想像1年後的
自己：你早上起床（你住在哪裡？是租房嗎？還是你有自己
的房產？）、穿好衣服（你長什麼樣子？你的髮型有變嗎？
你會穿什麼衣服？）、吃早餐（咖啡？麥片？吐司配果醬？
炒蛋？還是跳過早餐？）。你親了親家人（小孩、丈夫、妻
子），說聲再見後出門上班（你開車嗎？坐捷運去的？還是
在家工作？）。你來到工作地點（你做的是什麼工作？是在
辦公室工作嗎？你是自由業嗎？還是已經退休了？），做到
中午1點左右開始午休（你吃的是健康食物嗎？會不會身體出
了某種狀況，所以必須控制飲食？）。一天的工作時間結束
了，你離開辦公地點（你會回家吃晚餐嗎？還是晚上在鬧區
逛一逛？你會看電影嗎？還是去逛街購物？）。

　　當在腦中詳盡地走過一天的行程之後，請再想像一次，
但這次是想像10年後的自己。慢慢來，等你想像完自己10年
後的日常生活後，再想像一次（別擔心，這是最後一次
了），這次改成想像30年後的自己。在幻想未來時，請盡量
想得詳細一些。

　　未來的三個你，和現在的你有多像？和10年後可能的你相比，1年後的你和你現在的樣子比較像嗎？那30年後的你呢？在你的想像中，30年後的那個你，還殘留著自己的影子嗎？可想而知，人們覺得自己和近未來的自己較相像，和遙遠未來的自己就比較疏遠。我們在想像1年後的自己時，通常不會想得太不一樣，不過，絕對會預期10、20年後的自己發生不少變化。在我們的想像中，30年後、50年後的自己可能會和現在差很多，甚至會把他們想成「別人」；而如果把未來和現在的自己想成不同人——甚至是陌生人——我們會選擇現在享樂、等遙遠的未來再受苦，也是理所當然。現在抽菸、酗酒，的確會提升你在未來罹患各種疾病的風險，但必須和疾病奮鬥的那個人似乎不是你，所以比起現在正在讀這本書的自己，我們沒那麼關心未來的那個人。我們想現在就加薪、不想多等幾年，是因為今天的我們會拿到錢；如果等了幾年，在未來享受的人就會變成輪廓模糊的自己了。說不定你把錢留給未來的自己的意願，就和把錢送給路邊陌生人的意願差不多（好吧，也不是差不多，不過我的意思你應該懂）。

　　2006年發表的一篇功能性核磁共振成像研究，探討了人們對未來自己的看法，與「時間折價」之間的關聯[18]。在掃描受試者大腦的同時，研究者請他們評估自己現在的人格特質，以及10年後自己的人格特質。等出了成像儀之後，研究

者請受試者做一些決定，觀察他們在時間方面的偏好選擇，包括：「你想今天拿到10塊錢，還是一周後拿到12塊錢？」「你想今天拿到10塊錢，還是兩個月後拿到15塊錢？」等。結果顯示，傾向放棄未來大利、選擇立刻獲得小利的人，在想到現在與未來的自己時，大腦活動會出現較大差異。至於沒給未來打太多折扣的受試者，在評估現在與未來的自己時，大腦活動相差無幾。

2009年春季，當年50歲的流行樂天王麥可‧傑克森宣布要辦最後一次巡迴演唱會。演出行程包括在倫敦千禧巨蛋舉辦50場演唱會，代表他活過的50年人生……沒想到這位巨星還來不及登台演出，人生就突然走到終點。大多數人也許會以為他已經賺飽，可以安心退休，畢竟他可是有史以來最成功的音樂藝術家之一，從5歲就開始表演，到50歲應該就不必為財務操心了吧？然而，事實並非如此。

麥可‧傑克森本打算用這次巡迴演唱會，擺脫過世前那段時期的財政困境──身為流行樂天王的他，怎會留下堆積如山的債務呢？他和我們許多人一樣，主要的問題似乎是過度消費、儲蓄不足。「他每年花數百萬美元包機，還有買古董與畫作。」麥可‧傑克森的顧問之一阿爾文‧馬爾尼克（Alvin Malnik）表示，「他沒有做開銷方面的規畫，總是要什麼東西，就得馬上弄到手。」[19]

麥可‧傑克森並不是特例。在2005年，美國的儲蓄率從

1930年代以降首次呈負值[20]，這表示美國人花的錢比稅後收入還多。麥可‧傑克森的開銷包括每年約800萬美元的奢侈品消費[21]，而其他美國人的開銷就沒那麼誇張了，可能就是買一輛新車而已[22]，但這些購物行為還是會減少美國人可用的退休基金。

麥可‧傑克森與其他美國人的儲蓄率，怎麼會變成負值呢？也許是過度樂觀惹的禍。2002年到2006年間，房屋的價值急遽上升，人們相信這樣的漲勢會持續下去，所以認為自己有本錢可以多花[23]。然而，他們錯了，不動產價格在2008年猛跌，美國人雖然在不久後又開始儲蓄，儲蓄率卻沒有高到能讓人在退休後，過上和仍在工作賺錢時同樣舒適的生活[24]。

第二個問題是，麥可‧傑克森和許多人一樣，很難深刻地想像自己70歲的樣子[25]。就算我們努力去想像自己衰老的樣子，多數人也會對那個畫面產生反感。唉，問題是，只要想到退休基金，我們就自然會想到衰老模樣，所以很多人寧可完全不去想這些，不去為自己將來的財務需求做打算。

第 8 章

擇你所愛，愛你所選

期待、選擇、又期待的心路歷程

Why Do Things Seem Better After We Choose Them?
The Mind's Journey from Expectation to Choice and Back

我有個朋友叫提姆，在線上旅行社上班，公司會在每年的聖誕節提供特別福利讓他去旅遊，旅遊開銷全由公司支付。提姆想去哪都可以──澳洲、泰國、義大利、埃及、夏威夷、拉斯維加斯，他想去世界的哪個角落遊玩都行，所以每年聖誕節快來臨時，提姆就會為相同問題煩惱：今年寒假，該去哪裡過呢？「巴拿馬，」有天，他這麼宣布道，「在這個季節，那裡的天氣會很棒。」24小時後，他改口說「紐約，聖誕節的紐約真的很美」，結果過幾天又改成「寮國」。他在腦中環遊世界跑了兩圈，最後才趕在旺季機票被訂完前，下定決心。他去年的最終決定是去印尼，今年還沒做好決定；我現在是在12月初寫這段文字，他還有一點時間思考要去世界上195國當中的哪一國旅遊。

　　提姆在列出好幾張優缺點清單、讀過好幾本旅遊指南且終於下定決心之後，一件有趣的事發生了：一旦訂好機票，

他就會信心十足地認定自己做了最好的選擇。這是在他打包行李、抵達目的地之前幾天，這時他心中的猶豫會消失無蹤，被徹底的確信取而代之。他堅定地表示印尼是個好選擇，那裡不但天氣溫暖，還有十分豐富的文化，他能在印尼收獲全新體驗。紐約雖然很美，可是1月的紐約實在太冷了。

我必須承認，我的寒假計畫沒什麼好值得提的——就是回老家。還好那裡一年四季的天氣都很好，在地中海附近度過一、兩周時光，遠勝其他所有選項。話雖如此，我也不是沒有選擇障礙，我可是花了好幾年（沒錯，好幾年）才決定好研究所畢業後要做什麼工作，在美國東岸與西岸的大學之間猶豫不決，好幾次都「最後一次」改變主意……結果最後我根本不是在美洲大陸工作，而是來到一個以女王、沒味道的食物與雨水著稱的國家。我現在當然相信自己選了最好的一條路，你要說服我改變想法，可沒那麼容易呢。

▍自由選擇模式：咖啡機與 M&M 巧克力

大部分的人傾向在做完決定後，重新評估各種選項。面對兩個價值相當的選項——如兩份不錯的工作，或兩個度假地點——**我們在費盡心思做決定之後，會對被選中的選項賦予比決策前高的價值，沒被選中的則會在心目中貶值**。這是最初在1956年，由心理學家傑克・布瑞姆（Jack Brehm）所發

現的現象【1】。當時布瑞姆剛結婚，他心血來潮決定以一種獨特方式，使用親友送的新婚禮物。他想探討「選擇」這個行為，會如何改變人們的喜好。不久後，他那些新廚具與其他生活用品，都將為理解人腦做出歷史性的貢獻。

　　為了讓這個任務變得有趣一些，他必須找一些對他那些家電（烤麵包機、電晶體收音機、咖啡機）感興趣的受試者，於是他決定招募幾位家庭主婦參加研究。在一個晴朗早晨，他邀請這群家庭主婦進到實驗室，將自己不久前收到的新婚禮物拿給她們看，接著請她們列出對每樣物品的喜愛程度。如果拿到一組酒杯，她們會感到多快樂？那收音機呢？手持攪拌器呢？再來，布瑞姆讓受試者在她們心目中評分相當的兩件物品之間做選擇，且她們只能選其中一件帶回家——她們比較想選酒杯套組還是收音機？烤麵包機還是咖啡機？

　　這都是令人感到頭疼的抉擇，但受試者不得不選，於是澤妲小姐在酒杯組與收音機之間選了酒杯組；碧翠絲小姐在烤麵包機與咖啡機之間選了烤麵包機。在受試者做完選擇後，布瑞姆禮貌地請受試者再次幫所有物品評分。如果拿到一組酒杯，她們會感到多快樂？那收音機呢？手持攪拌器呢？剛才的決定，有改變她們的偏好嗎？

　　答案是：有。在第二次評分時，每位主婦的評分都顯示自己挑選的物品，比最初想像的更好；而沒被選中的選項，

則沒有最初所設想的那麼好。選了烤麵包機的碧翠絲現在認為烤麵包機遠勝咖啡機，但在做決定前，她認為兩者價值相當。至於選了酒杯組的澤姐，現在開始覺得收音機沒有自己一開始想的那麼棒了。

實驗結束後，主婦們收拾東西準備回家，開心地討論要把全新的烤麵包機放在廚房哪個位置、酒杯套組該用來喝什麼酒。現在，該輪到布瑞姆坦白了——他說他沒辦法讓受試者把這些新婚禮物帶回家，否則太太會一輩子都不原諒他，夫妻倆才剛結婚可能就要鬧離婚了。受試者們聽了後，完全高興不起來。

儘管當地的家庭主婦對布瑞姆的好感度一落千丈，不過從那時開始，他就成了全世界心理學者都熟知的人物，這場「自由選擇模式」實驗（free-choice paradigm）被重複了數百次，大量數據都支持**行為會改變喜好**的概念。該領域一些最有趣的研究，是針對十分特別的受試者所進行的——這裡所說的受試者，是一種鍾愛香蕉與堅果、全身毛茸茸的生物，也就是捲尾猴。比較心理學與演化心理學教授羅莉・桑托斯（Laurie Santos）在耶魯大學（Yale University）有一間猴子實驗室，她的研究目標是想要證明，儘管許多人認為有些行為是人類獨有的，但可能這些行為，很早以前我們的多毛祖先也有。

桑托斯想看看猴子會不會和人類一樣，在做完選擇後，

更改物品在心目中的價值。為了做這項研究，她幫猴子們準備了「食物市場」，提供不同食物讓牠們挑選。研究者觀察猴子們的食物市場，很快就發現不同食物在捲尾猴心目中的價值。舉例而言，一塊燕麥圈的價值等於五塊米餅；裏著彩色糖衣的棉花糖則被視為最頂級的美食，只有在研究者拿出一整碗燕麥圈時，猴子們才願意拿棉花糖做交易。對捲尾猴來說，裏著巧克力的香蕉就等同人類的米其林三星大餐；一粒花生則像我們每到夏天就會想吃的義大利冰淇淋；一粒葵花子的價值等同我們的一片披薩。耶魯大學的研究團隊用這套系統，量化了猴子們的喜好。

　　各位有吃過M&M巧克力豆嗎？這是一種小小的巧克力豆，各種顏色都有，上頭還印了「M」字樣。很多人在吃M&M巧克力豆時會有特別的偏好，有些人比起黃色更愛吃咖啡色的；有些人比起綠色更愛吃紅色的；也有些人不太在乎自己吃到什麼顏色。如果你不在乎自己吃的M&M巧克力豆是藍色、黃色還是綠色，那你就和捲尾猴一樣──研究者用食物市場系統進行觀察，發現在捲尾猴心目中，不同顏色的M&M巧克力豆的價值相等，猴子們才不管巧克力豆是綠色、黃色、藍色還是紫色，反正都是巧克力豆。這對科學家而言是個很有價值的資訊，他們接著要看看猴子們在不同顏色的兩顆巧克力豆之間做出選擇後，對這些巧克力豆的偏好會不會發生變化。

　　研究者讓猴子們在黃色與藍色巧克力豆之間做選擇。結果在糾結一番、做好決定後，假設其中一隻猴子最終選了黃色，那牠看待另一顆藍色巧克力豆的價值，就比做決定前低了[2]。猴子們就和人類一樣，**會調整自己的偏好，讓喜好符合自身行為**。猴子在做決定前並沒有特殊的偏好，但在下好離手後，卻似乎變得更喜歡黃色巧克力豆了，因此研究者必須拿出比先前更多的燕麥圈，猴子才願意拿黃色巧克力豆做交易。既然猴子也表現出選擇過後的偏好變化，這要嘛表示猴子們可進行複雜的心理活動能力，要嘛表示「重新評估價值」這件事，只是較低等的調節程序，不需高等認知機制的參與。在放棄咖啡機、選了烤麵包機之後，原本沒特別偏好其中一項的我們，會變得較喜歡烤麵包機——這是人類從和自己親緣關係最近的物種所繼承下來的傾向。

　　猴子們會記得自己之前選了什麼顏色的巧克力豆嗎？這份記憶是喜好改變的關鍵嗎？假如提姆突然得了失憶症，忘記自己選了印尼這個旅遊地點，他還會賦予印尼較高的價值嗎？

▌尾狀核：對食物、愛情、金錢產生反應

　　2001年，哈佛一支心理學者團隊就做了這方面的研究，探討無法記住自己選了哪個選項的失憶症患者在做決定後，喜好是否會發生變化[3]。參與研究的失憶症患者海馬迴受到損

傷，所以無法產生新的記憶。各位可能還記得，海馬迴是大腦顳葉內側（medial temporal lobe）的一個構造，對形成與鞏固可供提取的記憶至關重要。海馬迴受損的病人只能將一些資訊在腦中放個幾分鐘，一旦分心，那些資訊就會永遠消失。

　　這群哈佛心理學者請失憶症患者挑的不是巧克力豆或居家用品，而是抽象畫海報。各位現在應該對這種實驗模式很熟悉了吧：研究者請患者幫海報排序，從最喜歡排到最不喜歡，接著請他們在兩張評分相當的海報之間選一張。患者做完選擇後，研究者先離開房間，預計30分鐘後回來。這時患者連研究者是誰都認不得了，甚至不記得自己在半小時前參與了一場實驗，自然也不記得之前選的是哪一張海報。然而，當研究者拿出所有海報，請他們再次排序時，患者把上次選中的海報排名順位更靠前，沒選中的那張則順位往後移了——他們根本就不記得自己當初選了什麼，偏好卻還是改變了！這就表示，**人們不必有意識地記得自己做過選擇，但那個選擇還是會改變人們的偏好。**

　　這些實驗提供了一些線索，幫助我們理解布瑞姆最初發現的現象背後，大腦機制如何運行。首先，就算沒用到海馬迴的功能，人們做過的選擇，也會改變偏好。再者，我們從耶魯大學的猴子與巧克力豆實驗可看出，這個大腦運行機制早在人類進化前就有了。那麼，這些變化是發生在腦中哪個區塊？「選擇」這個行為，真的會改變人類對物品價值的神

經表現嗎？我們在選擇黃色巧克力豆之後是真的變得比較喜歡，還是只是在自欺欺人？我們說自己真的比較喜歡烤麵包機，會不會只是為了顯得言行一致，讓自己對選擇感到滿意？或者，是不是我們在選擇烤麵包機後，對烤麵包機的情緒反應真的發生變化了？我和同事們決定用功能性核磁共振造影儀，來回答這些問題。

　　我因提姆每年度假前的糾結而獲得啟發，想知道人們在考慮可能的度假地點、做決定與重新評估選項時，腦裡究竟發生了什麼事。我和同事們——世界知名的神經科學家雷‧多蘭（Ray Dolan）與學界新秀班納迪托‧德‧馬提諾（Benedetto De Martino），以神經造影形式呈現布瑞姆經典的「自由選擇模式」實驗[4]。實驗設計很簡單：請受試者想像自己去80個不同的地點旅遊（如泰國、希臘、佛羅里達與羅馬），並預估自己在這些地點度假的快樂指數。

　　請花一點時間，想像自己去到巴黎，你在巴黎度假的快樂指數會是幾分？（1分是不太快樂，6分是非常快樂）。接著想像自己在巴西度假，請在腦中完整、詳細地想像過一遍，你在巴西度假的快樂指數又會是多少？受試者必須在45分鐘內回答這些問題，過程中我們也記錄了他們大腦的掃描影像。

　　大家應該能猜到我們接下來將採取的行動。沒錯，我們請受試者比較剛才評分相同的兩個地點，硬是請他們選出較偏好的一個。你會選巴黎還是巴西？泰國還是希臘？最終，

我們請受試者再次想像所有旅遊地點，再次為所有地點評分。如我們所料，第二次給分時，受試者幫選中的地點給了比先前更高的評分；沒被選中的地點則評了較低分數。這裡的關鍵問題是：大腦有沒有反映出這些喜好變化？

我們的數據顯示，變化發生在腦中一個對食物、愛情或金錢產生反應的區塊，也就是「尾狀核」（caudate nucleus）。尾狀核是腦部深處一簇神經細胞，算是紋狀體的一部分，過去有研究顯示尾巢（caudate）會處理獎勵並產生對獎勵的期待訊號[5]。如果人們相信自己即將得到一塊鮮嫩多汁的牛排或一張百元鈔，或即將發生性行為，尾巢就會表現出這份期待；我們可以把它比擬成一個廣播員，負責對大腦其他區塊宣布它剛收到的消息：「做好準備，好東西要來了。」在吃到晚餐、拿到月薪後，大腦會根據我們實際收到的獎勵價值，迅速更新尾狀核對這些刺激的表示。假設我們預期自己會得到100美元零用錢，沒想到實際上收到110美元，就能從紋狀體活動看出我們得到較大的獎勵；同理，假設我們實際吃到的牛排有點柴，那大腦也會注意到獎勵的價值不如預期，於是下次準備吃牛排時，期待就不會和上次一樣高了。

神經造影結果顯示，受試者在想像未來的假期時，尾狀核活動與他們預期去不同地點旅遊的愉快程度呈正相關：在想像去希臘、泰國等熱門地點旅遊時，尾巢會發出比較強的訊號；而在想像去英國的雪菲爾、美國的俄亥俄州等冷門地

點旅遊時（這些地方的居民請別放在心上），訊號就沒那麼強了。在做完決定後，尾狀核會迅速更新代表預期快感的訊號。假如一開始在想像希臘與泰國時，尾狀核宣布了「正在想著好東西」的訊號，那在受試者選擇希臘、放棄泰國之後，尾狀核為希臘宣布的訊號會變成「正在想著超棒的東西！」為泰國發出的訊號則會變成「正在想著還可以的東西」。如此看來，我們在接受刺激時呈現的愉快反應，會受自己對該刺激的中意程度所影響。

▎這種蘋果，最好吃

有趣的是，假如是別人代替我們做決定，那就觀察不到重視程度的變化了。也就是說，我們必須是實際做決定的那個人，才能在下定決心後，更加重視選擇的那件事物。以之前的猴子實驗舉例：如果研究者先把黃色與藍色巧克力豆拿給猴子看，接著將黃色巧克力豆交給猴子，猴子不會變得比之前更重視黃色的、較不重視藍色的。換句話說，如果不是自己做決定，猴子並不會在決定過後重新評估這兩個選項的價值。但如果研究者騙猴子，讓牠們誤以為做決定的是自己，那猴子的行為也會展現出同樣的重新評估傾向[6]。

聰明的耶魯大學研究團隊，是怎麼騙猴子相信牠們是自己做決定的呢？首先，研究者將黃色與藍色巧克力豆拿給猴

子看，接著假裝將兩顆巧克力都放入不透明的盒子，讓猴子在不去看的情況下伸手從盒子裡拿一顆巧克力豆出來。但猴子有所不知，研究者並沒有真的把兩顆不同顏色的巧克力豆都放進盒子，而是只放一種顏色（假設是藍色）。這時，猴子以為自己是在黃色與藍色巧克力豆之間做選擇，但其實就只有藍色一種選項而已。儘管如此，猴子從盒子裡拿出藍色巧克力豆之後，還是會變得比較偏好藍色、較不重視黃色。

你也許會說：「猴子終究是猴子嘛，人類怎麼可能在沒有實際做選擇的情況下受騙，誤以為自己的偏好是自己所挑選出來的，人類可不會這麼簡單就上當……吧？」

我和學生決定做個實驗，看能不能讓倫敦大學學院的高材生們，誤以為自己選了一個旅遊地點（但其實是電腦程式幫他們隨機挑選的），讓他們變得較偏好那個地點【7】。首先，我們請受試者想像自己去一些地點旅遊，並為這些想像中的旅行之快樂程度評分。接著，我們將兩個分數相當的地點分成一組，請受試者二選一，不過我們在此藏了個小把戲──我們對受試者說，會用影響潛意識的方式呈現出兩個選項，也就是將在幾毫秒內非常快速地呈現選項，且還會用一串無意義的符號把選項隱藏。所以受試者不會在螢幕上看到「希臘／泰國」之類的文字，而是會看到類似「*%%^／***&^」的亂碼符號，接著必須在兩個選項之間做選擇。我們告訴受試者，雖然選項被符號擋住，且出現的時間太短、他

們沒辦法有意識地思考，但他們理論上還是能下意識地注意到兩個選項，並依照自己的偏好做決定。

然而，以上都是謊話。即使在那短短幾毫秒內，我們也沒有呈現出兩種選項，只讓受試者看到隨機的亂碼符號而已。在受試者做完決定後（假設他看到「＊%%^／＊＊＊&^」之後選了第一個），我們會揭露兩個選項的真面目：「希臘／泰國」。這下，受試者以為自己選了希臘、放棄泰國，而這其實完全是隨機的選擇。

儘管如此，在做了選擇後，受試者還是給了「被選中」的選項比選擇前更高的分數；原本給希臘與泰國的分數是一樣的，如今受試者卻表示自己若去希臘旅遊會玩得更開心。實驗結果符合前人的研究成果，**只有在受試者相信是自己在做選擇時，評分才會改變**；如果我們揭露是電腦在幫他們做決定，那受試者就不會有選擇後重新評估的行為。

這些實驗告訴我們，當人們挑選某件事物——即使只是在假想情況下做選擇；即使是在自己已經擁有的兩件物品之間做選擇；即使實際上不是你選的，但你相信是自己選的——那件事物在你心目中，就會變得更有價值。這種現象無論在零售業、職場上或我們的私生活，都是意義非凡。想像以下情境：有一位優秀員工有天收到競爭公司的挖角邀請，那家公司想請他離開現在的職位與公司，跳槽去他們那邊任職。競爭公司開出很好的條件，這位員工也許會稍微考

慮一下，但最終還是決定留在目前這家公司。我從先前學到的知識推測，雖然這位員工的職位、薪資、福利與同事都一樣，從客觀條件看來什麼都沒變，但他還是會比之前更看重這份工作，因為他再一次地選擇了目前這份工作。

　　再舉一個例子：我家附近的咖啡店在舉辦優惠活動，只要在上午11點前買咖啡，就會免費獲得一份贈送的水果或可頌——看你要選哪一樣。我有點不好意思地承認自己確實有些怪，我不是很喜歡可頌，所以選了蘋果（但如果讓我在水果與布朗尼之間做選擇，我可能就不會選水果）。我每天早上免費拿到一顆蘋果，每天都吃得很開心。假如咖啡店只免費贈送可頌，我還會這麼開心嗎？也許不會。但這也沒什麼好奇怪的，畢竟我剛剛也說了，我就是比較愛吃蘋果嘛。那如果店家只送蘋果——不讓我做選擇，我還會這麼開心嗎？假設免費的蘋果是直接拿給我的，我會這麼開心嗎？我猜，如果店家單純送我一顆蘋果，沒有讓我做選擇，那我可能不會這麼感到滿足。我在可頌、香蕉、橘子與蘋果當中選了蘋果，在選擇過後變得比較滿足了。兩種情況下，我最後吃到的都是同一顆蘋果，但因為我考慮過其他選項、選擇了蘋果，所以會覺得蘋果就是好吃了些。

　　所以結論是什麼呢？如果想提升員工對公司的認同度、讓學生更專心學習、客戶對服務更滿意，那可以試著不時提醒他們：他們有**選擇的自由**。你可以提醒他們，是他們決定

在這家公司上班、在這所大學讀書，還有使用你們所提供的服務。我經常搭某家航空公司的飛機，這家公司就是會如此提醒乘客；每當飛機降落、乘客準備下機時，機長就會透過廣播對乘客說：「我們知道各位在安排行程時有很多選項，謝謝您選擇我們，希望下次能有機會，再次為您服務。」我真的會瞬間相信，我選擇的這家航空公司必定比其他公司好，以後也該繼續訂這家航空公司的機票。

▋「選擇的自由」強化婚姻承諾

我們再思考一下婚姻制度。婚姻制度直到現代都廣被接受，是不是因為人們在正式對伴侶許下承諾後，會更加重視對方呢？對方是你認識多年，甚至可能同居多年的人，但也許在你正式決定和他共度一生之後，你會覺得他似乎變得比以前更可愛了點。我並沒有這方面的數據，不過如果請人們在訂婚前與結婚後為伴侶評分，我猜婚後的分數會比以前高。當然，這些分數可能還是會隨時間下滑，否則離婚率就不會這麼高了。這可能是因為雙方在婚後多年不斷改變，最終導致分數變低。舉例而言，女性或許會覺得身邊的人已經不是自己多年前選擇的那個人；她也可能會覺得自己已不再是當年做選擇的那個人。隨著時間過去，人們對當初那個決定的堅定感可能會消失，產生再次做決定的需求。

　　兩性專家華萊斯・戈達德博士（Dr. H. Wallace Goddard）似乎也有同感：「我們必須每天持續做選擇，每天一再地選擇同一個婚姻伴侶，才能在婚姻當中強化與維持那份承諾。」[8]戈達德博士並沒有提出理由，說明我們相信自己每天早上又再次選了自己的伴侶，為什麼能讓我們在感情中更加幸福──但你應該猜得到原因吧？即使是面對這個有幾分假想成分的問題，但如果我們真的可以每天做這個選擇，就能稍微提升伴侶在心目中的價值。

▋「決定」為什麼會改變偏好？

　　為什麼在選中某件事物後，我們會比較重視它？是什麼因素，驅使人們在決策後重新評估各個選項？為什麼在買新車或新鞋之前，大家可以在店裡糾結好幾個鐘頭，怎麼也無法在兩個最喜歡的選項之間做決定；可是一旦帶著新買的東西離開店面，我們就會發自內心地感到滿足？我們真心地認為，比起剛才放棄的那雙黑色高跟鞋，新買的這雙紅色高跟鞋比較符合我們的需求？或是新買的跑車，比起休旅車更能為我們帶來快樂？

　　為解釋這種現象，心理學家利昂・費斯廷格（Leon Festinger）提出後來在心理學界最主流的理論之一：**認知失調理論**（cognitive dissonance theory）[9]。根據該理論，當人們

必須在渴望度相當的兩個選項間做選擇時，會產生心理上的
不適——這是因為做出選擇，就等於必須捨棄落選選項的優
點，以及必須接受被選中者的缺點。如果你下定決心放棄休
旅車、選擇跑車，這個決策會和「休旅車空間大、你的小孩
都坐得下」以及「跑車空間太小」等情況產生矛盾。根據
「認知失調理論」，依據自己所做出的決定重新評估各個選
項，就能減少心理壓力。所以，在簽完跑車的買賣契約後，
你可能會告訴自己：「這輛車能讓你找回青春活力，在城裡
找車位比較方便，而且比體積較大的休旅車環保。」

除了「認知失調理論」之外，也有一些其他相關假說，
其中最主要的就是**自我知覺理論**（self-perception theory）
[10]。根據該理論，人們會觀察自己的選擇，從而推斷出自己
的喜好。換句話說，我從自己買了紅色高跟鞋的行為得到一
個結論：「比起黑鞋，我一定是比較喜歡這雙紅鞋。我甚至
可能連自己為什麼買這雙高調紅鞋的理由都不記得了，但自
己剛花了一大筆錢買下這雙鞋，想必表示我非常喜歡，而從
那雙黑鞋還在架上這件事看來，我應該就是沒那麼喜歡。」
結果呢？我對被選中的紅鞋的評分變高了，沒被選中的黑鞋
在我心目中則扣了幾分。

「自我知覺理論」與「認知失調理論」的關鍵差異是：
根據「認知失調理論」，**負面感受是推動偏好變化的主因；**
而「自我知覺理論」則表示**人不一定要產生負面感受，也可**

能改變喜好。找到這個關鍵差異之後，心理學者就能透過調控負面感受的方式，直接針對這兩種理論做測試。結果顯示，在做決策時如果沒有產生心理刺激，人們就不會改變自身喜好──不僅如此，當人們產生負面感受，卻錯誤地將感受歸因於環境中別的事物而非決策過程，那他們也不會重新評估選項。舉例來說，研究者請受試者做個困難抉擇，並在決策前給受試者一粒藥丸，說藥丸可能會令他們感到不舒服（但那其實就只是維他命C而已），受試者在選擇後並不會改變自身偏好。這些人在做出困難的決定時雖然產生負面的心理感受，卻誤以為都是那顆藥丸害的，所以他們沒必要改變偏好、減輕自己的負面感受[11]。

　　這種現象還有另一個可能原因。假如我可以在巴西與西西里兩個旅遊地點之間做選擇，我會對兩者都非常感興趣，不用猶豫太久就能幫兩個選項都打高分；但如果非得二選一，我就會被迫細細考慮兩者。我本來想到去巴西度假，就只會想到「休閒」與「陽光」，但在必須巴西、西西里二選一之後，我想到去巴西旅遊就會想到「陽光燦爛，但可能會舟車勞頓」；想到西西里就會覺得「陽光燦爛，且從倫敦飛過去只要短短幾個小時！」在做困難的決策時，人們會多花一些心思考慮各個選項的優缺點，強調這些選項的一些特別面向（如從倫敦去巴西與西西里的飛行時間），而這些可能都是我們原本沒仔細思考過的面向。

▍預測與操縱選擇

　　這時我們要問：**真的會有兩個選項價值相等的情況嗎**？還是說，我們本來就有小小的偏好差異，最終那個小差異會導致天秤傾向某一邊？你可能有過這樣的經驗：你躺在床上輾轉難眠，一直想著某個重要決策（搬到另一座城市、換工作、結婚、離婚），最後還是選了你從一開始就知道自己會選的那一邊。很多時候，直覺會告訴我們，我們最終會走上哪一條路——這也可說是一種預感。然而，在風險高的情況下，我們常認為自己該三思而後行，試圖以這種方式提升我們對選擇的信心。在某些時候，不同選項的價值差異太小了，甚至不是我們能意識到的差距，那在這種情況下，我們能藉由大腦活動看出差異嗎？

　　我和同事們起初的目標並不是回答這個問題，只是在檢視我們得到的大腦成像數據時，卻恰巧發現這個問題的答案。我們發現，當受試者想像不同的旅遊地點時，我們能從大腦活動預測他們最終的選擇，而且這還是受試者知道自己之後必須二選一的情況下。舉例來說，我們的其中一名受試者瑪莉，給希臘與泰國的渴望度評分差不多，但她的尾狀核卻洩了密。比起想像去希臘度假，她在想像去泰國玩時尾狀核稍微活躍一些，表示她更偏好泰國。果不其然，到了做決定的時候，瑪莉選的是泰國。她原本對泰國只有些微的偏

好，但在做完決定後，偏好變得更明顯了。

　　這究竟是什麼意思？研究結果顯示，當人們說自己同樣重視兩個選項、卻被迫二擇一時，**人們最終的決定，其實根本不是隨便選的**。不同選項在人們心目中會存在價值差異，這可能是沒辦法用言語表達的差異，但還是能透過大腦活動觀察出來，而且這些差異會決定你我最後的選擇。

　　話雖如此，請先稍安勿躁，別急著跑去最近的功能性核磁共振造影中心，問自己的尾狀核比較想買藍色機車還是黃色機車、該不該接受那份新工作邀約、晚餐該吃肉丸還是義大利麵（還是兩個都吃）。我可能得潑你冷水，告訴你：功能性核磁共振造影技術，並不是讀心術。我們透過研究發現，平均來看，功能性核磁共振造影儀所記錄到的大腦活動，能以高於隨機的精準度，示意受試者可能做的決定，但這是許多次決定下來的平均結果，且也是多名受試者整體的結果。核磁共振存在訊號雜訊，我們沒辦法每次測試都做出精準預測，所以目前──可能還有往後好幾年──你都必須在自己的內心深處找答案。

　　話雖這麼說，如果我們能在人們考慮不同選項時記錄尾狀核活動，以大致預測人們的決定，那有沒有辦法藉由改變這個訊號，進而改變人們的決定？我們有沒有辦法讓人們對不同的選項產生好感？理論上這是可行的。

　　我和同事塔瑪拉・夏納（Tamara Shiner）與雷・多蘭，

決定做這方面的嘗試。我們想在受試者考慮去哪度假時，影響他們的大腦活動，試圖操縱他們對度假的期待[12]。改變神經程序的方法有幾種，我們可用腦深層電刺激術，也就是在腦中植入「大腦節律器」，對特定的腦部構造傳輸電刺激，以可控制的方式改變大腦活動。這種方法被用來治療帕金森氏症患者與受慢性疼痛所苦的人，近期也有研究顯示該方法能用於憂鬱症治療（詳見本書第6章）。此外，還有一種方法是「穿顱磁刺激」（transcranial magnetic stimulation，TMS）：以非侵入方式快速變換磁場，在腦部組織中誘發微弱電流。我們用的不是腦深層電刺激，也不是穿顱磁刺激，而是較老派的方法：我們不會在受試者腦中植入節律器或誘發電流，而是用較傳統的藥物控制。

我們從大腦成像研究中學到，尾狀核在想像特定的選項時，會有不同的活動，這能用來追蹤人們對快感的預期，並用來預測受試者後續的決定。由於大腦發生這種活動時，尾狀核內的多巴胺相當密集，我們認為這些活動是因為多巴胺發揮作用。多巴胺是一種神經傳導物質，有了它，人們才能評價諸如食物、性愛與金錢等不同種類的獎勵。

▋ 左旋多巴與維他命 C

為控制尾狀核的活動，我們會在受試者想著旅遊地點

時，改變他們腦中的多巴胺功能。我們改變多巴胺功能的方法，是請受試者服用左旋多巴（L-dopa），這是一些食物裡會出現的天然胺基酸，可在腦中轉換成多巴胺。帕金森氏症患者經常服用左旋多巴，這是因為患者受到疾病影響，體內的多巴胺較少。少量服用左旋多巴（如我們的實驗），並不會對人體產生顯著的副作用，在美國即使沒有醫師開藥方，也買得到含有左旋多巴的藥草保健食品。

　　當受試者們來到我們的實驗室時，我們首先請他們記錄自己想像中去80個不同旅遊地點遊玩的快樂程度。接著請他們服用左旋多巴，然後請他們想像在其中半數的旅遊地點度假；並在給他們服用安慰劑（我們用的是維他命C）後，請他們想像去另一半的旅遊地點度假。受試者並不知道自己什麼時候吃到左旋多巴、什麼時候吃到維他命C。我們請他們先回家，隔天再回來；他們在24小時後回到實驗室，我們接著請他們在原先評分相當的兩個地點間二選一，然後再請他們幫所有地點評分一次。

　　當受試者在想像度假地點時，左旋多巴可以改變他們預期的快感嗎？答案是：可以。相較於第一次的評分，受試者將自己在左旋多巴作用下想像過的地點評得較高分；舉例而言，如果第一次進實驗室時給羅馬的評分是5分（「能讓我很快樂」），他們在左旋多巴作用下想像自己去羅馬之後，第二天較有可能把羅馬的評分改成6分（「能讓我非常快

樂」）。至於在服用維他命C之後想像的那些旅遊地點，前後兩天的評分並沒有變。

那麼，相較於吃了維他命C之後想像的地點，受試者會不會比較想選擇自己在左旋多巴作用下想像的地點呢？雖然這種效果不算太誇張，答案還是：會。相比在服用安慰劑後想像的地點，多數參與者（67％）選了自己在左旋多巴作用下想像過的地點。左旋多巴提升了受試者預期自己能在度假時獲得的快感，因此會傾向選擇這些地點。

現代社會為我們提供多得不計其數的選項。我們和祖先不同，許多人都有近乎無盡的選擇，可決定自己要住哪裡、和誰結婚、從事什麼行業、吃什麼，以及如何運用閒暇時間。尾狀核中對多巴胺敏感的神經元會發出訊號，表示它為不同選項所預測的價值，而我們可以研究這些訊號，更進一步瞭解人們之後可能會做的選擇。

在做選擇之後，那個決定最終會改變我們預期的快感：增強被選中的選項的預期快感、降低被放棄的選項的預期快感。假如我們沒有這樣的傾向，就不會在做決策後迅速更新各選項的價值，讓價值符合我們的選擇，否則我們可能會一再地感到懊悔，最後把自己逼瘋。我們會一次又一次地問自己當初是不是該選希臘而非泰國、是不是該選烤麵包機而不是咖啡機、是不是該選珍妮而不是蜜雪兒。這種時時刻刻的事後諸葛會對日常生活造成干擾，我們會感到焦慮又困惑、

懊悔又哀傷。「這件事我真的做對了嗎？是不是該改變主意？」在這些想法的糾纏下，我們的生活會永遠停擺，被猶豫困在原地，怎麼也無法前進。另一方面，決策後重新評估選項，則會提升我們對先前那個選擇的信心，確保我們能持續前行。

在漫長與辛苦的反覆推敲後，提姆終於決定在哥斯大黎加度過聖誕假期。他已經可以想像自己在壯麗的沙灘上放鬆休息、在叢林裡遇到愛吃巧克力豆的猴子，還有徜徉在太平洋的懷抱裡衝浪。這些畫面刺激了他的尾狀核，活化了與多巴胺功能相關的神經元——嗯，今年假期，他想必會玩得非常愉快。

第 9 章

被情緒竄改的回憶

911 事件的真實性

Are Memories of 9/11 as Accurate as They Seem?
How Emotion Changes Our Past

1865年4月14日星期五，劇作家湯姆・泰勒（Tom Taylor）的三幕喜劇《我們的美國兄弟》（*Our American Cousin*），在華府福特劇院（Ford's Theatre）上演。這部舞台劇講述一個美國年輕人漂洋過海，到英國繼承有錢親戚財產的故事。那晚到劇院看戲的人是軍官兼外交官亨利・拉斯本少校（Maj. Henry Rathbone）及他的未婚妻克拉拉・哈里斯（Clara Harris）；他們鄰座的觀眾是瑪麗・陶德・林肯（Mary Todd Lincoln）與她的丈夫——美國總統亞伯拉罕・林肯（Abraham Lincoln）。

　　所有人都為了今晚特意打扮一番，女士們穿著高雅的連衣裙，男士們穿著體面西裝。然而他們萬萬沒想到自己接下來面對的，會是多麼慘烈的悲劇——拉斯本少校將會發瘋，克拉拉則會被未來的丈夫害死，死狀悽慘。克拉拉和亨利在發瘋與被殺害之前還有幾十年時間，但對瑪麗與亞伯拉罕而

言，這就是他們在一起的最後一晚了。晚間10點15分，約翰・威爾克斯・布思（John Wilkes Booth）踏進福特劇院的總統包廂，對著瑪麗的丈夫開槍，劇院裡的觀眾被喜劇逗得哈哈大笑，結果笑聲被瑪麗淒厲的尖叫聲打斷。亞伯拉罕・林肯總統身受重傷，隔天上午便宣告不治身亡[1]。

假若這樁暗殺事件發生在21世紀，人們想必會立即掏出手機，開始記錄當下發生的事，劇院裡混亂的畫面將會在1小時內透過福斯新聞網與CNN新聞台播送到全世界，全球各地的人都會在當天清楚地看到事發經過的畫面。但是在那個年代，人們沒有網路、電視、簡訊、傳真，就連無線電廣播也沒有，消息傳播得很慢。

我和父親前往緬因州奧古斯塔市，準備為我的畢業典禮添購一些「行頭」。我們從一片陡峭的山坡往下走，進到城內時，感覺到氣氛不太對勁，所有人都顯得哀傷非常，還激動得有點可怕。於是父親勒住了馬，忍不住從馬車上探出頭問：「嘿，朋友，怎麼了？發生什麼事了嗎？」「你沒聽說嗎？」人們回道，「林肯被暗殺了。」馬車韁繩從父親手中無力地滑落。他動也不動地僵坐在原處，頓時淚流滿面。我們離家很遠，有很多事情得辦，所以過了一會父親便強打起精神，繼續前行。儘管內心非常沉重，我們還是完成了該做的事。

　　這段文字，節錄自關於**閃光燈記憶**（flashbulb memory）的第一篇調查研究。此篇研究報告發表在1899年的《美國心理學家》（*American Psychologist*）期刊上，作者是名為F‧W‧柯格洛夫（F. W. Colgrove）的科學家[2]。他在標題為「個別記憶」（Individual Memories）的論文中，描述人們在得知林肯總統遇刺身亡時的記憶。他發現即使過了多年，多數人還是能記得自己聽到這則消息當下的人、事、時、地、物等細節。該報告所記載的案例皆發生在不同的時間與地點，但每個人的感受卻十分相似。

　　時間快轉到1963年11月22日星期五，地點是德州達拉斯市。德州州長小約翰‧包登‧康納利（John Bowden Connally, Jr.）與妻子娜莉（Nellie）坐在開往迪利廣場的總統座車上，身後坐的是賈桂琳‧甘迺迪（Jacqueline Kennedy）與她的丈夫——美國總統約翰‧甘迺迪（John F. Kennedy）。這是他們最後一次同坐一車了。當天下午12點30分，李‧哈維‧奧斯華（Lee Harvey Oswald）從附近一幢建築開槍射中賈桂琳的丈夫。當時路邊群眾為有幸見到總統與第一夫人的歡呼聲，被賈桂琳的尖叫聲打斷。30分鐘後，約翰‧甘迺迪總統被正式宣告死亡。

　　當時有不少攝影師跟著總統尋訪德州，甘迺迪遇刺與臨終的畫面亦被大量記錄與記載下來，所以此案的調查並非完全仰賴目擊者證詞，也用到這些照片與影像。然而，這趟致

命的行車過程並沒有進行現場直播，事發當時的影片是過了幾天後才登上新聞頻道，而且僅在當地的新聞台播報。最完整的暗殺影像是由亞伯拉罕・澤普魯德（Abraham Zapruder）所拍攝，該影片直到數年後才在電視上播放。

哈佛心理學家羅傑・布朗（Roger Brown）與詹姆斯・庫利克（James Kulik），檢視人們得知約翰・甘迺迪遇刺時的記憶[3]，並撰寫出一篇極具影響力的論文。他們和柯格洛夫一樣，發現人們對於收到消息的那一刻記憶猶新，記得非常鮮明與詳細。另外他們也注意到，人們對於這些震撼事件的回憶，總會涵蓋以下幾個問題的答案（你也可以試著回憶自己對於2001年9月11日恐怖攻擊事件時的經歷，看看能否輕鬆回答這些問題）：「你當時在哪裡？」「你當時在做什麼？」「是誰告訴你的，或者你是怎麼收到消息的？」「你身邊的人有什麼感受？」「你心中當時產生什麼情緒？」「事後有什麼餘波？」

█ 閃光燈記憶

基於這份調查研究，布朗與庫利克提出，這些出人意料且影響深遠的公眾事件會激發一種獨特機制，讓人們如定格般保存那一瞬間的記憶，並產生出如照片般清晰的回憶——也就是他們所謂的**閃光燈記憶**。布朗與庫利克認為這些清

晰、詳細的回憶都異常精確，但他們其實沒有辦法評判這些
記憶的正確性。後來的研究證明，這些記憶並不正確。

　　他們的研究奠基於甘迺迪死後數年蒐集到的回憶故事，
分析的也是這些多年後的記憶，但他們並沒有去證明這些記
憶是對是錯。直到康乃爾大學（Cornell University）教授與美
國國家科學院（National Academy of Sciences）成員尤里克‧
奈瑟（Ulric Neisser），比較了重大的突發事件過後的閃光燈
記憶與自述故事，真相才水落石出。

　　1986年1月28日，挑戰者號（Challenger）太空梭在升空
後短短73秒，便於半空中爆炸。美國有線電視新聞網直播了
這場太空梭發射。當時挑戰者號上的成員，包括來自新罕布
夏州的教師克里斯塔‧麥考利芙（Christa McAuliffe），她是
「太空教師計畫」（Teachers in Space）中第一個準備被送到
太空的教師，美國國家航空暨太空總署（NASA）還安排讓公
立學校的學童用電視觀看直播，結果數以千計的學童眼睜睜
看著畫面上的太空梭炸毀。各家電視台一整天不斷重播恐怖
的爆炸畫面。由於有大量新聞媒體報導這起爆炸事件，因此
約有85％的美國人，在事發1小時內便得知這起慘劇。

　　不到24小時後，奈瑟開始進行關於這起爆炸事件的閃光
燈記憶研究。他採訪了一些大學生，問這些人在收到消息時
人在哪裡、在做什麼。過了30個月後，他又做了相同的採
訪。現在他得到布朗與庫利克一直沒拿到的數據——他可以

檢視閃光燈記憶的準確性與一致性。他比較了人們得知挑戰者號爆炸事件時的初期記憶及2年半後的記憶，並根據經驗法檢測這些記憶是真的不容易被遺忘，還是只是看似不容易被遺忘而已。

他的發現相當驚人：25％的受訪者對自己得知災難消息時的記憶完全錯誤；2年半後的記憶和事發後不久的記憶完全不相符。我以這名受訪者，在得知挑戰者號炸毀時的初期記憶為例：

當時我正準備上宗教課，有一些同學邊走進教室邊開始談論（那件事）。我那時還不清楚事情的細節，只知道太空梭爆炸了，而且那個老師的學生都目擊事故發生的當下，我覺得好難過。下課後我回到宿舍，看了在討論這件事的電視節目，才得知事件的所有細節。

30個月後，同一名受訪者對得知爆炸事件消息時的回憶，給出以下答案：

第一次聽到爆炸事件的消息時，我和室友正坐在新生宿舍裡看電視。電視突然插播這則新聞，我們都感到震驚不已。我當時真的很難過，便上樓去找朋友聊聊，然後打了通電話給爸媽。[4]

　　不是所有人的記性都這麼糟糕。有半數學生記錯三分之二的細節；而兩次的人、事、時、地、物都完美相符的受訪者，只占7％——30個月過後，他們對挑戰者號爆炸事件的回憶，和初期的說詞一模一樣。更令人吃驚的是，幾乎所有受訪者都確信自己完全記得事情經過，如果替自己對記憶的信心評分，1分代表完全不敢肯定記憶的精確度、5分代表百分之百確信記憶完全反映當時情境，那受訪者們的平均信心分數竟然高達4.17分；換句話說，學生們相當肯定自己的回憶很精確。此外，記憶精確度和受訪者信心分數完全無關，意思就是在許多情況下，人們對自己的回憶信心十足，但其實這些都是完全錯誤的回憶。

　　奈瑟開創性的研究告訴我們，比起拍立得照片，「閃光燈記憶」更像是經過多次修圖的快照，照片的最終版本可能和原版有點像，但已經無法精準地呈現出當時情景。奈瑟的研究結果清楚地顯示，我們不該認為「閃光燈記憶」精準地記錄了某個事件。但還有一個問題尚未得到解答：相較於平凡、日常事件的記憶，「閃光燈記憶」是否真能更準確地反映某個突發事件？這些記憶是不完全準確沒錯，但和昨天晚餐的記憶相比，人們對911事件的記憶，是不是會比較清晰與完整？

▍911 事件：記憶的主觀特性

9月的某個星期二清晨，我懶洋洋地下床泡了杯咖啡。離第一節課還有大約1小時，我從公寓的一扇小窗看出去，發現天氣很不錯。幾分鐘後，一個朋友打電話過來，他已經在位於市中心的辦公室準備辦公，他告訴我，有一架飛機剛撞上世貿中心。我打開電視看新聞，只見新聞頻道正在轉播高樓冒煙的畫面，大家此時都不清楚發生了什麼事。新聞頻道猜測可能是一架小飛機不小心撞上北塔——電話另一頭，我那個有執照的飛行員朋友明確表示不可能。

「怎麼可能撞上一幢占地200平方英呎、高1362英呎的建築。」他說，「在今天這麼晴朗的日子，更不可能。」

接下來1小時左右發生的事，我的記憶就有些模糊了。我應該是繼續看了一陣子的電視播報，看到第二架飛機筆直衝撞南塔。然後，我記得自己驚恐地看著電視直播，看見南塔倒塌。大約20分鐘過後，我不知所措地往外走到街頭。

顯然，我完全沒有做好心理準備，根本沒想到自己下樓看到的會是這種場面：大批人潮沿著第六大道北行遠離世貿中心，其中許多人滿身塵埃、身上穿著數小時前還一塵不染的西裝——一些男人提著公事包，一些女人穿著漂亮的高跟鞋。公共電話亭附近大排長龍，因為手機打不通（再過不久，就連市話也會打不通）。這時，我和路上所有人都眼睜

睜看著世貿北塔轟然倒塌。

　　看到北塔也倒塌時，我完全驚呆了。我半小時前才在電視上看到南塔崩塌消失，也知道兩座塔都被民航機用類似的方式衝撞，即使不是受過科學訓練的專家，也能猜到北塔應該會跟著倒塌。話雖如此，我還是沒能預測到這再合理不過的事情轉折（這是否也表現出人類不願相信最糟狀況的傾向？也可能是我已經嚇傻了）。塵埃雲擴散得好遠，我甚至不確定自己究竟目睹了什麼──第二座塔真的倒了嗎？還是說，那是附近的公寓？我明明站在離世貿中心超過兩英哩遠的位置，卻感覺大廈倒在離我只有幾英呎的地方。

　　我住在紐約市的那幾年，發生許多令我印象深刻的事件，但在2001年9月11日上午10點28分那短暫的一刻，卻仍舊歷歷在目：塔樓倒塌、周遭眾人發出驚駭的呼聲、我右手邊的男人、馬路對面那個穿紫色裙裝的女人、一朵朵塵雲、溫暖的陽光。套句實驗心理學「教父」威廉・詹姆士（William James）的話：「印象可能會令人情緒極為激動，幾乎在大腦組織留下**傷疤**。」[5] 我似乎就經歷了這樣的刺激……對吧？

　　你可以輕易說服我，我對上星期三的記憶到處都是漏洞和不合理的細節，但911事件明明是多年前發生的事，你卻很難說服我相信那段回憶其實不精確。儘管如此，我還是想提出「這些回憶不精確」的可能性。

　　在2001年9月12日，心理學者珍妮芙・塔拉利柯（Jennifer

Talarico）與大衛・魯賓（David Rubin），找了杜克大學
（Duke University）的54名學生，請他們寫下自己得知恐怖攻
擊事件當下的經歷。除此之外，研究者也請學生描述自己在
恐怖攻擊前一天——2001年9月10日——所做的一切，提供心
理學者所謂的**控制條件**（control condition）——這是比較的
基準線，能用來比較出「閃光燈記憶」被忘卻的速率。2001
年9月10日，恐怖攻擊發生的前一天，多數學生都度過平淡無
奇的一天，如往常的星期一一樣去上課、去圖書館讀書、洗
了衣服、和朋友喝了幾杯酒。

　　研究者請一些受試者在做最初的記錄1周後回實驗室，進
行記憶測試，其他組別則在42天後或7個半月後返回實驗室做
測試。研究者請他們寫下自己對2001年9月11日的所有記憶，
以及對9月10日的所有記憶。他們對日常事件的記憶，會和對
911事件的記憶不同嗎？日常事件會忘得比較快嗎？答案是：
會……還有不會。

　　塔拉利柯與魯賓發現，**受試者遺忘自己得知911恐怖攻擊
事件時的記憶，與忘記日常事件的速率毫無差別**[6]。有些細
節到了事發數月後他們還是能記清楚，但有些細節很快就被
忘記了，還有另外一些細節記錯了。整體而言，學生們回憶
2001年9月11日的能力，並沒有比回憶2001年9月10日的能力
佳。然而，對恐怖攻擊的回憶和洗衣服、上課的回憶，還是
存在重要的差異——差別不在記憶的客觀精確度，而是記憶

的主觀特性。

　　學生非常可能對自己的911事件回憶深信不疑，你也很難說服他們那都是錯誤回憶。相較於對9月10日的記憶，他們對9月11日記憶的信心不僅比較高，對恐怖攻擊的記憶畫面還比對其他事件的記憶鮮明許多。學生們表示，他們較有可能會覺得自己再次經歷了那一切，感覺自己又回到2001年9月11日；但在回憶9月10日上課或上健身房的事情時，並不會有回到過去的感覺。

　　塔拉利柯與魯賓得到的結論，和奈瑟在10多年前得到的結論非常相似：「**閃光燈記憶」，並沒有比「一般」記憶精確，卻顯得特別精確**。這又是怎麼回事？在回憶不好不壞的中性事件時，記憶精確度與我們的信心通常有一定程度的相關；那為什麼在回憶911事件、太空梭爆炸、總統遇刺等高度情緒性的事件時，我們對記憶的信心，卻不能用來評判記憶的精確性？想找到這個問題的答案，就必須探討人類大腦的種種功能。

▌記憶和在場與否、距離遠近相關

　　我和同事們當時剛好處於理想的研究環境，可進行這方面的探索。2001年，我在紐約大學做研究，專門研究情緒對於記憶的影響。紐約大學位於格林威治村中心地帶，就在華

盛頓廣場公園附近；格林威治村在全世界最繁華的城市中心，卻有種社區鄰里的感覺，而且離911恐怖攻擊事件發生地只有短短2英哩。

在2001年9月11日，我的系所還沒有功能性核磁共振造影儀供我們使用，造影儀是在大約1年後才到來的。從2001年9月那個星期二早晨過了大約3年，我們展開對調節「閃光燈記憶」之神經機制的調查，想知道相比回憶平凡無奇的事件時，人們在回憶與911事件相關的個人經歷時，是不是會用到特殊的神經機制。我們為了做大腦成像研究，招募了911事件當天人在曼哈頓的一些人，並在掃描他們的大腦同時，請他們回憶自己對911事件的經歷。我們用大腦造影技術，找出受試者回憶那些恐怖事件時，大腦有哪些區塊比較活躍。

進行研究時，我們和塔拉利柯與魯賓一樣，必須先設置基準條件，之後才能用這個基準來檢視911相關記憶的特異之處。我們決定拿911事件之前的夏季回憶來做比較，所以受試者在功能性核磁共振造影儀裡除了回想911事件外，我們還請他們回想在2001年7月與8月發生的事。受試者對那2個月的記憶，多是類似暑期實習、暑修或出國旅遊的記憶；在事情發生3年後，受試者們能提取的都是這些獨特而令人難忘的事件，不過這些並沒有和911事件同樣令人震驚，也沒有造成創傷。

受試者們在功能性核磁共振造影儀裡待了約1個小時，回

憶上述這些事件。我們在造影儀裡放了一面鏡子，讓受試者可看到外面的電腦螢幕，然後用螢幕上顯示的文字，提示受試者回想特定的記憶，並加上「9月」或「夏天」的字樣，讓他們知道要提取關於9月11日或那年夏天的回憶。舉例來說，如果我們在螢幕上同時顯示「朋友」與「9月」的提示，受試者就要提取9月11日那天和朋友相關的個人記憶。在研究過程中，他們提取了約60個記憶，最後從造影儀裡出來、在電腦前坐下。我們請受試者再次回憶所有記憶，但這次用打字的方式記錄下來。我們也問受試者，他們的記憶有多鮮明，以及他們對記憶的精確度抱持多大信心。他們在回憶這些事件時，會有重新經歷過那些事情的感覺嗎？這些記憶，會令他們感到情緒激動嗎？如果有的話，會有多激動？

　　我們預期的結果是，相較於夏天的記憶，人們對於911事件的記憶會更加鮮明、更令他們情緒激動，而且對911記憶的精確度應該更有自信。沒想到，研究數據顯示，我們猜錯了[7]：只有半數受試者表示，相較於對那年夏天的記憶，他們對911事件的記憶較鮮明、較令他們感到情緒激動、對記憶的精確度也較有自信；對另外半數受試者而言，911事件的記憶和那年夏天的記憶差不多。這兩組人到底差在哪裡？怎麼會有一半的受試者形成關於911事件的「閃光燈記憶」，而另外半數人卻沒有這種反應？

　　根據皮尤民眾與新聞研究中心（Pew Research Center for

the People & the Press）的調查，51％的紐約人、38％的美國人表示，在他們2001年個人生活中最大的一次事件，就是9月11日的恐怖攻擊事件[8]。顯然即使是當天不在曼哈頓，或甚至不在美國境內的人，也能回想起9月11日的那起事件。全球各地的人都說得出關於911事件的個人經歷與故事，每個人都有自己對於那一天的回憶，而很多人都把那個故事重複說了好多次。然而，我們很快就發現，在記憶的主觀性質這方面，美國航空11號班機撞上世貿中心北塔時，一個人離世貿中心2英哩遠還是2萬英哩遠，其實有差。即使只是離世貿中心2英哩與5英哩的微小差距，也能對記憶的主觀性質造成很大影響。

我們請參與研究的人們填寫問卷，問起他們關於911事件的個人經歷，其中的問題包括：他們當天的確切位置、他們是否認識在世貿中心的人，以及攻擊事件對個人生活的影響。從受試者的回答看來，決定911記憶主觀性質的因素，是**事發當時，人們和世貿中心之間的確切距離**。

對平均距離世貿中心2英哩遠（在曼哈頓鬧區）的人而言，他們對911經歷的記憶特別鮮明，而且這些人非常確信自己的記憶很精確，比對那年夏天的回憶精確許多。然而，對事發當時平均距離世貿中心4.5英哩（在帝國大廈附近）的人而言，那天的記憶就和夏天的控制組記憶差不了多少。所有參與研究的受試者，9月11日當天都在曼哈頓，不過當時在曼

哈頓鬧區、離世貿中心較近的人，和那些當時離世貿中心較遠的人相比，對事件的回憶有一些性質上的差異。

　　這兩組人在911當天的經歷，究竟有哪些差異呢？為什麼一組人彷彿「大腦組織留下傷疤」，另一組人卻沒有？差別在於，只有當天在曼哈頓鬧區的人，才能親眼看見雙子星大廈倒塌、聽見爆炸聲、聞到煙味。「我親眼看到了：兩座大樓燃燒著紅色大火，四處是人們的叫喊聲。」一名受試者表示。當天在世貿中心附近的人，其實親身經歷了整個事件的發生過程。我們在研究過程中聽到一段令人感到毛骨悚然的故事，是位名叫麥特的男人說的。麥特當時在華爾街上班。

　　我記得自己出了華爾街地鐵站，看到紙張從天而降，我抬起頭，看到濃煙正在大樓上空盤旋。我走進辦公室，一個同事說他剛看到一架飛機撞上世貿中心，我們決定過去看看發生了什麼事。於是我們走到百老匯大街和自由大街的交岔口，也就是自由公園前面。這時，我看到大樓上方有一個巨大的洞，還竄出幾乎吞噬了整幢建築的大火。我們盯著直看的同時，第二架飛機撞上南塔，爆炸聲讓附近所有人不由自主地找地方躲避，然後開始轉身狂奔。群眾逃離著火的雙塔、建築殘骸從天而降，我記得一個老太太被撞倒在我身旁的地上，被人踩了過去。我下意識地往前跑，這時一輛車發出尖銳聲音，我才從盲目的狂奔中驚醒。我看到一些鷹架，我可以躲到下面、避免被

建築殘骸砸到，也比較不會被逃難的人潮踩傷。我在那裡等
著、看著雙塔，直到現場稍微平靜了一些，然後回到辦公室，
叫那裡的所有人快快離開。我還記得和同事沿著百老匯大街穿
過翠貝卡區，想要遠離雙塔。我記得高塔側面那個大洞，還有
映著藍色晴空的火焰。我記得人們在街上哭喊和尖叫，還有聽
著街上汽車的收音機。我記得我也是在一輛汽車旁邊聽廣播報
導，得知五角大廈也遭飛機撞擊，同時我盯著雙塔，開始看到
人們從最高的樓層往下跳。我看見5、6個人跳下來，不禁想像
那上面究竟是什麼景象，怎麼會想從110樓跳下來。我忍不住
別過頭時，聽到人們的尖叫聲，轉過頭就看到大樓倒了下來，
一瞬間陣陣濃煙與碎片不斷升起。我永遠都忘不了那個畫面。

　　想必只有當時親身經歷了這些事件的人，才知道那種情
緒衝擊是什麼感受。我們觀察到的狀況很明顯：距離事件中
心越遠的人，記憶就和當時在市中心的人越不一樣，這些人
的情緒波動沒那麼劇烈，記憶也沒那麼鮮明。在曼哈頓中城
的人離世貿中心太遠了，看不到飛機撞擊與高塔倒塌的畫
面，而是從朋友或新聞媒體輾轉得知消息的。「我是在辦公
室裡聽到恐怖攻擊消息的。我上網查了一下。」一名受試者
說道。另一人回憶道：「我記得當時是在塔奇咖啡廳（Caffé
Taci，位於紐約上城、哥倫比亞大學附近）看到電視新聞報
導，我應該是在電視上聽到爆炸聲。」

　　所以，911當天人在市中心的受試者親身經歷了恐怖攻擊，也表示自己產生了遭受威脅的感覺；而當時位置較遠的人，則是間接地經歷了這起事件。當時離雙子星大廈較近的人不僅覺得自己的記憶較鮮明，還在描述記憶時用了更多文字，說了更多細節。其中一名受試者在描述那段經歷與其對個人生活的衝擊時，提到這樣的分歧：「我想和遠在加州的男友談論這件事時，總是覺得很困擾，他就是沒辦法理解我們對事件有著不同的經歷，還有因此而產生的不同觀點……不久之後，我們就分手了。」

　　我不知道這些人的記憶是否精確，畢竟我並沒有請受試者們在911當天記錄他們的經歷，以和後來的回憶做比較。我和塔拉利柯與魯賓不一樣，沒辦法告訴你這些記憶和洗衣服等日常記憶有沒有差異、有哪些差異；但我能告訴你：對當時在場、眼睜睜看著高樓倒塌、看著遇難者墜樓身亡的人而言，他們對這些經歷的記憶，和對其他令他們印象深刻的事件經歷，有一些性質上的差異。相較之下，對當時是透過網路或電視得知世貿大樓倒塌的人而言，記憶雖然也鮮明，但卻和暑期實習或搬到新城市的記憶差不多。

▌「杏仁核」與恐懼、焦慮的關係

　　為了探索這些差異在大腦中的表現，我們檢視了參與者

的功能性核磁共振造影數據。參與者在911當天和雙塔之間的距離，會讓他們在3年後回想當年事件時，表現出不同的腦部活動嗎？

我們找出了參與者回憶事件時的兩種大腦活動模式，這兩種活動模式能被視為線索，用來推測那個人在911當天是和事發現場近在咫尺呢，還是距離世貿中心好幾英哩。首先，我們觀察到了杏仁核活動的顯著差異。我在前幾章多次提到了杏仁核這個構造；在1927年，人們開始認真探討神經系統在調節情緒方面的作用時，他們沒發現杏仁核在其中扮演的關鍵角色。一直到1930年代晚期，研究者海因里希‧克魯弗（Heinrich Klüver）與保羅‧布西（Paul Bucy）才提出杏仁核和恐懼與焦慮情緒之間的關係：他們表示，顳葉內側（杏仁核所在的位置）受損的猴子似乎不再害怕任何事物了[9]。不過，到了1956年，人們才發現這種情緒上的不足，是因為顳葉內側之中的杏仁核受損[10]。自此之後，研究者們便針對杏仁核處理情緒、調節情緒對記憶影響力的功能，做了深入的研究與記錄[11]。

相關動物研究顯示，杏仁核在表現恐懼、幫助動物認識危險刺激物這方面特別重要。舉例而言，大鼠在面對電擊等逆境時，往往會全身僵硬不動。牠們很快就會學到在哪些地方可能會被電，而如果研究者給牠們躲避的機會，牠們會避免進入之前自己被電過的房間。然而，如果損害大鼠的杏仁

核,牠們就不再會學到要避免這些危險地區,被放進之前電擊牠們的房間時,牠們也不會表現出恐懼(換句話說,牠們不會僵硬不動)[12]。看樣子,在杏仁核無法正常運作的情況下,這些可憐的大鼠就是記不得自己經歷的創傷事件,所以不會去躲避危險。

在情緒性記憶的神經迴路這方面,我們人類和大鼠有點像:面對令人情緒激動的情境──例如車禍或遭受攻擊──之時,人類的杏仁核會產生劇烈反應,不僅影響了我們當下對於情境的情緒反應,還會在這些刺激性記憶的長期儲存方式這方面扮演重要角色。杏仁核會直接影響記憶儲存的方式,對其他記憶相關腦區──例如附近的杏仁核──傳遞訊息;另外,杏仁核也會透過壓力激素強化記憶,間接影響記憶儲存的方式。

我們可以假設,相較於911當天坐在自家客廳裡、透過電視機觀看爆炸影像的人,在世貿大樓倒塌時和原爆點距離不遠的那些人,杏仁核產生了較強烈的反應。雖然光是得知驚人的公眾事件就可能造成情緒刺激,但人們的情緒反應很可能會隨著他們對於事件的個人經歷而產生差異。

911當天身在都市鬧區的紐約人,身處我們所謂的「戰鬥或逃跑」(fight or flight)情境:在我們面臨危險,例如半夜有人闖進家裡,或者在森林裡遇到熊之時,我們的身體會做好行動的準備。這時候,人的心跳會加速,呼吸也會變得急

促，我們會選擇逃離危險源頭，或者留下來和危險的事物一
戰。9月11日距離雙子星大廈越近的人，感受到的生命危險就
越是強烈，所以更須迅速做出反應。我們這場功能性核磁共
振造影研究的參與者當中，麥特等當天距離雙子星大廈非常
近的人們，在面對911那天的危險，就只有「逃跑」一個反應
可選。我們都看過人群倉皇逃離倒塌的雙塔、努力逃離漫天
塵雲與殘骸的照片，我猜照片中那些人體內的壓力激素含量
非常高，甚至達到了空前的新高，而且可能過了好一段時間
壓力激素量才逐漸降了下來。

　　雙子星大廈很高，塵埃形成了一大片雲朵，所以距離原
爆點2、3英哩的人感覺自己離雙塔近了許多。我自己從2英哩
遠處看著北塔倒塌時，就是產生了這樣的錯覺。我在前面也
提過，當天天氣晴朗、視線佳，塵雲又擴散得很遠，所以我
感覺像是看到了附近的大樓倒塌。我猜我的杏仁核當時也發
出了極強的訊號，告訴我「危險就在左近」，但應該沒有麥
特的杏仁核反應那麼劇烈。

　　我們再看看我那位在中城上班的朋友，他的辦公室在我
家北方，他能遠遠地看見煙霧、聽見疾駛向下城鬧區的救護
車與消防車聲。他可能也感受到了一些危險，但他的大腦沒
有急迫地發出逃跑訊號，也不覺得有必要立即採取任何行
動。當時我朋友體內的壓力激素濃度或許比平時來得高，但
應該遠遠不及華爾街上那些人，甚至和十四街上我看到的那

名女性相比也不算高。

　　我說了這麼多，其實這都只是我以專業知識為基礎做出的推測，畢竟我並沒有在911當天取紐約市各處市民的血液樣本，也沒有在那天記錄他們的杏仁核活動。我倒是在3年後做研究時，記錄了麥特與另外22個紐約人的杏仁核活動——果不其然，我們請參與者回憶自己關於恐怖攻擊的經歷時，相較於當時人在中城的參與者，麥特等當時人在曼哈頓鬧區的參與者杏仁核變得較為活躍。我的參與者們在911當天離世貿中心越近，在回想當日情境時杏仁核反應就越激烈，而杏仁核信號和參與者的911記憶鮮明度與強度直接相關：參與者當時離原爆點越近，記憶就越情緒化、越鮮明，在回憶事件時杏仁核反應也越激烈。

▎處理畫面細節的「海馬旁迴皮質」

　　我們的大腦成像數據，還提供了另一個重要線索，幫助我們瞭解人們在911當天與世貿中心的距離，對回憶的影響。下城組受試者在想到911事件時，海馬旁迴皮質（parahippocampal cortex）的活動較平時還低。「海馬旁迴皮質」是會參與處理視覺畫面與辨識畫面細節的腦區，心理學者發現當人們在觀看情緒性事件時，注意力會集中在事件的刺激性面向上（如塔樓倒塌的部分），較不會去注意周邊的

細節（如站在身旁的人）。結果就是，我們對周邊細節的記憶品質較差，所以在記錄與提取記憶時，後海馬旁迴皮質（posterior parahippocampal cortex）的參與度較低。如果在回憶刺激性事件時，海馬旁迴皮質的神經元較不活躍、杏仁核的神經元較活躍，那也許就能解釋為什麼在回憶突發事件時能夠清楚記得情緒性細節與自身感受，卻不見得能精確地描述周遭細節。

當我回想那天站在第六大道上，看著大朵大朵的塵雲迅速逼近時，我又能清楚地感受到當初的那股困惑感，也很快地有種回到過去的感覺。我在回憶時的情緒反應，會製造出記憶清晰又鮮明的感覺，而我認為自己的記憶完全真實，這有一部分可能是真的——我可能真的一清二楚地記得高塔倒塌，也記得自己對見到那一幕的情緒反應，這些是回憶中可能經過杏仁核處理的細節。不過回憶中還有其他細節，如街道對面那個女人身上的紫色裙裝，這些可能較受海馬旁迴皮質功能影響，所以這些細節的真實性，可能就有待商榷。

在檢視情緒性事件的記憶時，必須確切地明白哪些細節能記得比日常事件清楚、哪些細節會記得較不精確，而現在就有許多科學家致力研究這個問題的解答。我們目前還沒有明確答案，但我們知道在回憶生命中最記憶深刻的事件時，我們對記憶的信心並不代表記憶的精確度。這對於司法體系影響很深，尤其在探究目擊者證詞的真確性時，更應該考慮這點：即使證

人不懷惡意，他們提出的證詞，也可能不盡真確。

　　以瓊·查爾斯·德梅內塞斯（Jean Charles de Menezes）
的命案為例【13】：2005年7月22日，德梅內塞斯在倫敦斯托克
韋爾地鐵站遭倫敦警察廳警員槍殺。起初，目擊者表示德梅
內塞斯跳過地鐵閘門，試圖擺脫警員，但不久後人們發現他
根本就沒擺脫警察或者跳過閘門。目擊證人的證詞在許多方
面都不真確，關於德梅內塞斯的衣著、警員的確切反應，以
及朝德梅內塞斯開槍的次數等回憶，都兜不起來。後來真相
水落石出，原來是警方將德梅內塞斯誤認為昨日炸彈攻擊未
遂的嫌犯，其實他是清白的。事情始末相當複雜，因為警方
沒能澄清事情原委，而是將重點放在目擊者極不精確的證詞
上。最終，有人將真相洩露給新聞媒體，媒體指控警方散布
不實資訊替自己脫罪。

　　記憶的功能，是利用過往經歷引導未來的思想與行動；
如果某個事件在腦中特別突出，我們也相信那是真實事件，
那無論是否具絕對真確性，我們都會以那個記憶為基礎而採
取下一步行動。舉例而言，如果有天晚上你獨自在公園散
步，突然遭到暴力攻擊，那你以後可能就不敢天黑後獨自走
進公園。你是否精確地記得事情發生在公園哪個位置、攻擊
者的面貌，或攻擊發生的確切時間，這些都不重要，大腦可
沒辦法記住所有資訊；但你得對事件產生自認無比真確的記
憶，這個記憶能時刻提醒你別在晚上獨自前往人煙稀少的地

區。

　　在回憶這方面，我們要對於好事、壞事、醜事產生鮮明的記憶，這點相當重要——即使這些記憶無法完美地重現原始事件，那也沒關係。小孩子必須記得自己觸碰熱烤箱時那種可怕的灼痛感，以後才不會隨便從烤箱裡拿出熱騰騰的馬芬。考試不及格的鮮明記憶，能驅使我們下次更努力讀書、下次考好一點；我們能輕易地回想過往的心痛經驗，這對下段戀情會有幫助。我們相信自己能從過去的負面經歷中學到教訓，以在未來做得更好，這可能就是造就樂觀心態的一股推動力。樂觀主義者在回顧過去時不見得帶有正面偏誤，對現在的看法也不見得會過於正向；事實上，他們的特點是儘管過去嘗到沮喪與失望，還是會透過玫瑰色眼鏡，放眼未來。

第 10 章

克服癌症，為什麼好過贏得環法冠軍？

點石成金的大腦

Why Is Being a Cancer Survivor Better
Than Winning the Tour de France?
How the Brain Turns Lead into Gold

你比較想當環法自行車賽冠軍，還是成功克服癌症病魔的人？我想你應該不用多想，就能回答這個問題。你可能還會覺得我腦子進水了，怎麼會提出如此荒謬的問題呢？雖然環法自行車賽對人類體能是一大挑戰，大家應該還是比較偏好在法國每年一度、歷時約23天的自行車賽中騎2175英哩（約3500公里）後成功奪冠，而不會想和大多數癌症患者一樣經歷可怕的化療吧？然而，實際上我們沒人有資格回答這個問題，因為我們都沒有親身經歷過兩者，只能盡量想像克服癌症與成為環法自行車賽冠軍的感受。想到前者，我們會聯想到病房、醫師、脫髮、體重減輕、疲勞、嘔吐、疼痛、恐懼與悲傷；想到後者，我們會聯想到喜悅、興奮、成就、名聲與快樂。那麼，這樣的預測準確嗎？世上只有一個男人能回答這個問題，他就是七度在環法自行車賽中奪冠，並戰勝病魔的藍斯・阿姆斯壯（Lance Armstrong）。他本人曾說過：

其實，如果要我在環法自行車賽冠軍和癌症之中選一個，我會選癌症。這聽起來很怪，但比起贏得環法自行車賽冠軍，我比較想要癌症倖存者的稱號。因為這段經歷讓我更懂得身為男人的責任，還有身為一個丈夫、兒子與父親的意義。這令我的人生更完整。[1]

藍斯‧阿姆斯壯在1971年出生於美國德州，從12歲開始參加鐵人三項競賽。後來他發現自行車是他的強項，他在1990年代早期曾於單車競賽中取得不錯成績，但與當時的頂尖自行車手相較，他的表現並不出色。後來阿姆斯壯在1996年環法自行車賽期間，突然因健康問題退賽，數月後被診斷出罹患睪丸癌，且癌細胞已經擴散到腦部與肺部。他接受了手術，切除腦腫瘤與病變的睪丸。在被診斷出癌症後不到2年，阿姆斯壯重返職業自行車賽場，成績比過去更加耀眼，之後在1999年首度贏得環法自行車賽冠軍，接著又連續6年奪冠。

假如他一生平順、沒有面對過癌症的挑戰，還會達成這些耀眼成就嗎？也許會吧，但是他也可能一直都會是個有天分、卻沒有特別傑出表現的運動員。不過誰知道呢，況且這也不重要，真正重要的是阿姆斯壯本人是怎麼想的。如果大家讀過他的自傳《重返豔陽下》（*It's Not About the Bike: My Journey Back to Life*），想必你會認同這一點：阿姆斯壯相信自己是從和癌症的戰鬥中，意外地獲得力量，對生命的看法

也煥然一新，這也促使他放手去追求與達成個人與事業上的
成就。從沒得癌症的人將癌症視為純粹的負面事件，而阿姆
斯壯與一些其他癌症倖存者，則從中看到希望。

▌人類的大腦能點石成金

　　我們腦中似乎有塊「點金石」，能將逆境轉變為機會。古
代的煉金術士認為點金石是非常重要的東西，能將一般金屬變
成金與銀，還能製出可治百病的「萬靈丹」。2500年來，埃
及、羅馬、中國等地的哲學家與科學家都致力尋找點金石，儘
管哈利・波特和他的伙伴們在近代也嘗試過一次，但能使持有
者永生不死的那塊魔法寶石一直沒有被尋得。煉金術士們窮盡
各種辦法，就是沒能將金屬轉變為別種物質。

　　然而，人類的大腦卻能點石成金，而且這種過程發生得
很快，似乎不會耗費太多力氣。無論面對什麼樣的情境，大
腦都會尋找並採納最有利的觀點。我們都不希望自己遭遇離
婚、失業或罹病等困境，也相信自己永遠不可能克服這些難
關，但我們通常都錯了——在經歷不幸之後，人們往往能迅
速恢復至平時的愉悅程度，而且復原速度快得驚人。例如有
個人因發生事故導致下半身癱瘓，但短短1年後，這個人就會
和一般的健康人士一樣，從日常事件中獲得許多快樂[2]，而
且這樣的人為自己預估的未來幸福感指數，也和健康人士預

估的數值差不多。在離婚2年後，人們的生活滿意度會恢復到離婚前1年的數值；配偶亡故的人得花多一點時間才能恢復至正常的幸福感指數，但他們在配偶去世幾年後，還是能恢復到基準指數[3]。

但諷刺的是，人們非常不擅長預測自己在面對這類不幸事件時，可能會產生的感受。如果請某人預測自己在親友死去或半身不遂之後的狀態，他們往往會高估本身情緒反應的強度與時間長度。人們常會說：「如果發生那種事，我的人生就結束了，我沒辦法再走下去了。」你不會聽到誰說：「嗯，假如老公跟我離婚，我很快就會恢復成以前的狀態，繼續快樂地過活。」也不會聽到有人說：「如果我的腿再也動不了，我應該還是會跟其他人一樣對未來保持樂觀。」不過在大部分情況下，後兩種回應才比較符合現實——就大部分的病人而言，他們的生活滿意度，都顯著高於健康人士想像自己罹病時的生活滿意度[4]。

我們以麥特為例。麥特23歲，有天他一如往常地參加橄欖球練習，沒想到人生從此改變。麥特不幸脊椎脫臼、頸部以下癱瘓，很可能這輩子都好不了。在短短數秒內，麥特從一位強壯、獨立的青年，變成需要有人時刻照顧的殘疾人士，只能整天坐在輪椅上，用下巴操控輪椅，還得用人工呼吸器呼吸。大部分人在得知麥特的經歷後，總會不由自主地心生憐憫，而且打從心底不希望自己遭遇同樣的不幸。但麥

特卻表示：「我現在的生活變得不一樣了。我的人生並沒有結束，而是變了。我的生活沒有變糟，某種程度來說反而變好了。」[5] 之所以在某種程度來說變好了，是因為麥特在失去打橄欖球等能力之後，轉而培養了新的技能、探索出自身潛藏的能力。現在麥特的新生活，除了撰寫橄欖球賽評之外，也持續在寫自傳，另外還經營一個橄欖球網站，並成立一個專門幫助受過類似損傷孩童的慈善機構。他建了新家，還成為當地一支橄欖球隊的教練。我敢打賭，我們大多數人的生活，都沒有麥特過得精采。

　　大腦在遭遇難以忍受的事件後，會快速地往事情的好處想。在罹患嚴重的病症前，我們總將疾病與殘疾視為應極力避免的狀況。這是一種演化與適應，幫助人類躲避困境、遠離危險並照顧好自己。然而，一旦逆境成了生命中的現實，繼續用之前那種心態看事情，可就沒什麼好處了。為了活下去，就必須快速地重新評估狀況、調整對當下狀況的評價，如此一來才能繼續生活下去。

　　大多數人都覺得要是自己只能坐輪椅的話，就沒有活下去的意義了；但實際上，很多殘障人士都能過上完滿的生活──這是一種持續性的誤差，我們稱為**影響力偏誤**（impact bias）。「影響力偏誤」的意思是，**人們往往會高估逆境對自身的影響**。那人們為什麼會高估自己未來的情緒反應呢？心理學者提出幾個理由：第一，**當人們預期自己對未來事件的**

反應時，通常會聚焦於生活中幾個非常狹隘的面向。舉例來說，請試著想像自己只能終生與輪椅為伴——多數人會注意到的是「什麼事會出現改變」，但忽略關注「什麼事不會改變」。是的，我們的確沒辦法再出門慢跑，只能進出無障礙空間，也沒辦法像從前那樣自立。但儘管如此，日常生活中許多帶給我們快樂的事物並不會變，我們還是能看書、看電影、去餐廳吃飯，還有和親友相處。起初，我們聚焦的會是日常生活中的變化，但過一段時間之後，我們會習慣這些變化，而在事故發生前那些令我們快樂的事物，又會再次成為快樂的源泉。如果忽視不會改變的事物，只專注在會改變的事物，那人們在預測自己可能的感受時，就會產生和實際感受的落差。

人們不僅不會注意到那些維持不變的事物，還會**低估適應新環境的能力**。人腦像是部十分靈活、適應力極強的機器。我們用看電影舉例，你有沒有在電影剛上映當晚去過電影院？影廳裡可能位子都快坐滿了，只剩下最前排的座位，你只能努力往後仰、盡量把整個銀幕都收入眼底。起初，你會覺得自己沒辦法好好享受電影，甚至連看都看不清楚，可是過幾分鐘以後大腦就會習慣這種新的輸入形式，你會漸漸被電影情節吸引，忘了自己運氣太差，只能坐最前排角落的位子。

大腦的能力可不限於適應新環境，它會為了更完全地適

應環境而創造出新的能力，以彌補我們失去的那些能力。舉例而言，失明者的聽覺與觸覺通常會變得異常靈敏；麥特雖然失去了肢體的力量，卻磨練出寫作能力。人們在長期關係結束後又復單身狀態，很快就會發展出過去看似不必要的新技能：一對伴侶通常會有一個人較擅長做菜，另一個人則較常發起社交聚會或繳各種雜費。既然伴侶比較擅長某方面的事，和對方在一起時，你就沒有發展這些技能的需求；但當對方離去以後，你就必須快速學會做歐姆蛋與／或做社交上的安排。你會在發掘這些新技能的同時，學著關注逆境事件的正面後果。

　　值得注意的是，**有時還沒遭遇逆境事件，人們就可以對事件進行重新評估了**。如果知道自己即將被開除或被分手，我們通常會提前在腦中對事件進行再組織，改以正面心態看事情。舉例來說，在2008年金融海嘯過後，尤其是該年9月雷曼兄弟控股公司（Lehman Brothers）宣告破產後，許多人意識到自己即將失業。骨牌效應並不是一口氣發生，多數人都有一些時間思考接下來的事件，許多認為自己會失業的人，開始將當下情境視為一種改變與職涯發展的機會，而不是將其視為一場災難，於是他們藉此機會去進修或尋找更好的工作。在真正失業之前，某些人重新評估了自己將面對的狀況，改變對失業的負面情緒反應[6]，於是加強了他們的恢復力，也降低焦慮感。如果最後真的被解雇，那至少也已經做

了較完善的準備。

大腦是怎麼做到這件事的呢？我們面對糟糕的情境時，是怎麼在腦中將事情翻轉過來的？用實驗方法回答這個問題有些困難，我和同事們想檢視在逆境後果發生之前，與成為人們生活的一部分之後，人們在想到這些後果時的神經活動模式會有什麼差異。基於實驗道德，我們不可能讓受試者真的得癌症或跟他們說他們被解雇，那我們該怎麼做實驗才好？我們決定利用人類最強大的本領之一──想像力，進行測試。我們請人們想像糟糕事件發生在自己身上，從而觀察他們的大腦是否會出現評估情勢的變化？

▌「吻端前扣帶皮質」的重要角色

想像力是十分強大的工具。我們不可能親身體驗生命中所有的可能性，學到哪些是好事、哪些是該避免的壞事。我們雖然能從他人的經驗學到一些教訓，但這終究不足以讓我們預測所有情境的結果。為解決這個問題，大腦發展出「想像力」這個方便的小工具，這是大腦一個重要的功能，允許人們模擬與預測無限個可能的未來情境及結果。我們平常一直都在無意識且自動地使用想像力，在接受新的工作機會之前，我們會想像在新環境上班是什麼感覺、每天和新同事與新主管互動又會是什麼感覺。我們通常會在採取實際行動前，先在腦中迅速模擬

過。無論是購物或高空彈跳，我們都會先在腦海中演練一遍。這種彈性思考所帶來的學習效果，超越了從行為本身學到的教訓，也允許人們為未來做好準備。

人類非常擅長使用想像力，能在腦中創造極度逼真的畫面。這些畫面栩栩如生，我們在模擬未來事件時，甚至能感受到事件可能激發的快感與痛苦。舉例來說，請想像一大群螞蟻順著大腿往上爬，多數人光想就覺得噁心。請想像自己雙眼失明，想必一股恐懼與哀傷情緒油然而生；多數人應該都沒有過永久失明的經歷，可能也不認識任何一位盲人，但想像那種情境還是相當容易的。

我們就是請受試者在接受大腦功能性核磁共振掃描同時，請他們想像這類逆境事件[7]。我們請他們展示許多疾患，如罹患皮膚癌或腿部骨折，並請他們說出預期自己會產生的感受。受試者們努力思考自己腿上打石膏或接受化療時會多麼難受，把注意力集中在逆境事件的負面層次上。在他們想像約80種不同的壞事之後，我們突然話鋒一轉，把之前被他們評為同分的逆境事件兩兩配對，請他們二選一。「如果明年非要發生其中一種狀況不可──當然，這只是假想情境，你比較想得偏頭痛還是氣喘？腿部骨折還是手臂骨折？」逆境一共被配對成40組，讓受試者一一挑選。接著，我們請受試者再次想像這些病況時，再次掃描他們的大腦活動。

在一系列的二選一後，受試者對病況嚴重性的看法會不

會發生變化？答案是：會。雖然是單純的假想情境，但在選了自己較能接受的病症過後數分鐘，受試者們對那種病症的看法就變了。在兩種病況中二選一後（假設史都華寧可被跳蚤咬也不想得皰疹），受試者幫被選中的病症（被跳蚤咬）與沒被選中的選項（皰疹）打分數，這時他們幫被選中者打的嚴重性評分會比原本低；幫未被選中者打的嚴重性評分則會比原本高。雖然乍看兩個選項都很嚴重，在重新評估自己選中的病症且往好處想之後（「跳蚤也還好啦，我去買藥膏止癢，再找專業的人來除蟲就好了。」），史都華覺得自己稍微得到一些安慰。

　　史都華與其他受試者對跳蚤、皰疹等不幸事件的看法發生變化，我們在檢視他們大腦的活動時，也觀察到這樣的轉變。被迫在跳蚤與皰疹之間二擇一之前，史都華在想像被跳蚤咬或得皰疹時的大腦活動模式並沒有明顯差異；但當要從這兩個討厭的病症中挑一個之後，他的大腦活動突然出現變化。我們觀察到的變化，就和前幾章請受試者在旅遊地點之間二選一時的腦部活動變化很相似——我們之前觀察到，受試者在二選一後，幻想被選中的旅遊地點時，尾狀核變得較活躍；幻想沒被選中的地點時，尾狀核就變得沒那麼活躍。不知各位是否還記得，尾狀核是大腦深處一個核狀構造，負責傳達對情緒性事件結果的預測與期待。在這場研究中，假設受試者在背痛與偏頭痛之間選背痛，當受試者在想像中兩

者時，我們觀察到前者會造成尾狀核較活躍。這時，尾狀核很可能是在更新與背痛相關的評價，從原本「好痛……好討厭」更新為「不太舒服，但也不算太壞」。

功能性核磁共振造影數據還揭露另一種變化：吻端前扣帶皮質的活動變化。前面說過，吻端前扣帶皮質，是居中調節樂觀心態的關鍵腦區。

在「選一種病症」研究中，假設安娜貝爾表示自己寧可有膽結石也不要腎結石，那她若接下來想像自己有膽結石，其吻端前扣帶皮質就會變得較活躍。科學家認為，吻端前扣帶皮質會觀測處理情緒與動機資訊的腦區所發出的訊號，追蹤刺激的顯要程度，並調節這些情緒與動機相關腦區的反應。

請想像自己坐在輪椅上。一開始，你會產生負面的情緒反應（如驚慌與恐懼），以及負面想法（「我再也不能去沙灘上跑步了。」）。然而，大腦為了讓你繼續活下去，會抑制這些負面想法，並將注意力放在正面事物上（「至少我還有愛我的家人，神智也還清楚。」）。吻端前扣帶皮質就在這個過程中，扮演重要角色。

▍「恐懼制約」與消除恐懼

我剛才介紹的神經機制，和腦中負責消除恐懼的機制非常像。科學家為了研究恐懼的生成，常用一種被稱為**恐懼制約**

（fear conditioning）的簡單實驗方法。使用這種實驗模式時，一個人（或有時是用老鼠）會在聽到某種聲音或受到其他中性刺激之後，遭受微弱電擊（或其他讓人厭惡的待遇）。舉例而言，研究者可能會讓受試者聽到高亢的聲音，接著對受試者施予微弱電擊。受試者很快就會學到，聽到高音後電擊就會來到，於是在實驗進行一段時間後，他們光是聽到高音就會產生心跳加速、出汗等恐懼反應。

在現實生活中，高音與電擊不常接連發生，不過各位應該可以想到這兩種刺激相關的情境。舉例來說，我小時候每天早上都會走路上學，路上會經過一條相對安靜的街道。我去新學校上學的前幾個月，上學途中都沒發生什麼事，但有一天我遇到一隻長相凶猛、露出尖牙，不斷對我憤怒吠叫的狗。我當時還小，所以那隻狗對我來說簡直是龐然大物，我嚇得動彈不得。我遭遇好幾次這樣的事情。後來不管我有沒有看到那隻狗，光是走上那條街就會開始冒汗、心跳也會開始加速。

幾星期過後，那隻狗消失了，也許是主人決定把牠關在室內，也可能是牠被某種更大、更恐怖的動物攻擊了，我不曉得牠究竟為什麼消失了。兩個禮拜過去，我都沒看到那隻狗的影子，之後我走上那條街就不會再猶豫，不會因為走上那條曾經嚇得我半死的街道就呼吸急促、脈搏加快。這就是心理學者所謂的「恐懼消除」現象——預告負面結果的刺

激，不復存在。

紐約大學的伊莉莎白‧菲爾普斯與喬‧勒杜克斯（Joe LeDoux）利用一系列實驗，證實吻端前扣帶皮質與腹內側前額葉皮質（ventral medial prefrontal cortex，VMPFC）其他部位，會抑制杏仁核產生的恐懼反應[8]。杏仁核是基於習得的聯想（高音等於電擊、街道等於惡犬），對於制約刺激（如高音，或我上學路上那條街道）產生恐懼反應的關鍵腦區；在刺激不再象徵危險時，大腦會關閉這種恐懼反應，而關閉恐懼反應的關鍵腦區就是吻端前扣帶皮質。假如沒有在刺激不再象徵危險時消除恐懼的機制，那我們應該會一天24小時都在擔驚受怕中度過。

我們並沒有時時刻刻擔驚受怕。大部分的人都能歡快地走在路上，在遭遇一些引發焦慮的事件時，也經常會有意識地讓自己冷靜下來。請想像自己坐在飛機上，飛機開始搖晃，你的杏仁核立刻活躍起來，你開始冒汗。這時你告訴自己：只是遇到亂流而已，以前也經歷過很多次，還不是活下來了，現在只要舒舒服服地坐著、享受這趟旅程就好。你這時做的事就是調節自身情緒，你的腹內側前額葉皮質抑制杏仁核的反應，你的心率也逐漸穩定下來。我們能用很多方法控制情緒：我們可以壓抑特定想法、產生其他想法（如在發生令人失望的事件時，為避免在大庭廣眾下哭出來，可以回想一些愉快的事件）；我們可以把注意力放在某個情境或刺

激的特定層面上，也可以像只能坐輪椅的麥特一樣，往事情的好處看。

▋「渴望」造成的感知偏誤

　　調節情緒、換個角度看事情與抑制恐懼，都會改變我們對世界的看法。那在這麼做的時候，我們對世界的視覺感知，會不會也發生變化？我們是不是該從字面的意思去理解「透過玫瑰色眼鏡看世界」這句話呢？

　　我們以海市蜃樓為例。海市蜃樓是一種視覺上的錯覺，人們走在沙漠裡可能會以為自己看到水池；2001年發表的一篇文章指出，即使某人不是身處沙漠，也可能受乾渴影響而改變對事物的感知[9]。相較於喝了水的人，口渴的人較有可能在模稜兩可的視覺刺激中，感知到和水相關的透明感。在這種情況下，受試者想必是受排山倒海的乾渴感影響，改變了對環境的看法，在沒有液體的地方看到了透明的水。我們再舉一個例子：當身在人群之中，經常會誤以為看到自己愛的人——尤其是希望能在人群中和對方相遇時。渴望會以符合我們目標的方式，影響我們的視覺感知，騙我們在口渴時看到水源、在孤單時看到愛人。

　　艾蜜莉・巴爾塞蒂斯（Emily Balcetis）與大衛・鄧寧（David Dunning）在一場創意十足又有些荒唐的實驗中，證

實人們**以許願的方式，改變感知的現象**[10]。他們請一些學生打扮成卡門‧米蘭達（Carmen Miranda）──活躍於1940與50年代的巴西歌手與演員，以穿著巴西風格服裝、頭戴綴有各種熱帶水果的帽子聞名。米蘭達在電影中與百老匯戲劇（主要是音樂劇）中都會戴著這頂搶眼帽子。巴爾塞蒂斯與鄧寧請學生穿著草裙、椰子胸罩與塑膠水果帽，穿過校園的活動中心，這感覺就像很多人都經歷過的噩夢：你一絲不掛地站在同儕面前，其他人都穿得整整齊齊的，所有人不可置信地盯著你。好吧，受試者並沒有一絲不掛，他們至少還有椰子胸罩、草裙與水果帽可以遮羞……但在我看來，這就跟光溜溜地在校園裡走動差不多。不可思議的是，研究者居然還找到32個自願參與實驗的學生（沒錯，他們是自願的），這些學生願意為了……嗯，他們可拿不到數千美元的車馬費，但還是願意為了加分而犧牲色相，參與這場瘋狂的研究。

　　在派學生出去當眾出糗前，研究者告訴半數受試者，如果他們同意，可以選擇別的任務。之後，這群學生簽了份標題為「選擇自由」的同意書；這群受試者被稱為「高選組」（high-choice group），是他們自己選擇做這個任務的。第二組受試者簽了標題為「研究者選擇」的同意書；他們被稱為「低選組」（low-choice group），這組受試者被告知，研究者是從幾種選項中幫他們挑了這個任務，他們沒得選。

研究者派兩組受試者穿著奇裝異服在校園的活動中心裡來回走動，接著問他們一個簡單問題：「你走了多遠的距離？」活動中心的長度是365英呎（約110公尺）。在穿著椰子胸罩、戴著塑膠水果帽走過那段距離後，所有受試者所回答的距離，其實符合他們心中的期望：他們顯著地低估活動中心的長度。高選組學生低估得最多，他們猜測的長度平均是111英呎（約34公尺）；低選組學生估計的平均長度則是182英呎（約56公尺）。

研究並沒有就此結束。「卡門‧米蘭達實驗」實在進行得太順利了，研究者決定再幫學生們設計一個好玩的小任務。這回，研究者讓學生們穿上自己的衣服，但必須跪在一塊滑板上，只靠雙手爬到山坡上。學生們再次被分為高選組與低選組，然後在爬坡前先估計山坡的坡度。這次實驗也顯示，在自己選了這項任務的受試者眼中，這任務沒有那麼難，他們估計的平均坡度是24度；而被研究者指定執行這項任務的受試者，則估計山坡的坡度是31度。

「穿椰子胸罩與水果帽走來走去」研究，與「只靠雙手爬到山坡上」研究的結論一樣：人們對實現正面結果、避免負面結果的渴望，強烈到能改變對周遭環境的視覺感知。不僅如此，如果那個討厭的任務是人們自己選擇去做的，那他們較可能會不精確地感知環境，並把環境視為沒那麼可怕（如將要走的距離看得較短、將要爬的山坡看得較平緩）。

▌ 認知失調扮演的角色

　　為什麼如果你選擇做一件討厭的任務，就會覺得任務變得不討厭了？當我們選擇完成一件丟臉或累人的工作，就是和自己原先的信念產生矛盾（「我應該避免戴著水果帽、幾乎一絲不掛地在校園裡走來走去。」），這種矛盾又稱為**認知失調**（cognitive dissonance），會令人產生負面的情緒刺激。面對這種令人不自在的情緒，我們會讓自身對環境的感知發生偏誤（「好吧，我要走的距離其實滿短的，我快快走完就不會被人發現了。」），以降低不自在的感受。

　　在1950年代，美國某個新興宗教崛起，信徒們相信地球會在1954年12月21日被外星人摧毀。認知失調理論之父利昂・費斯廷格在其著作《當預言失敗時》（*When Prophecy Fails*），講述了這個教派的故事[11]。根據該宗教的信仰，外星人將「末日將至」的消息，傳送給該教派領袖：凱奇太太（Mrs. Keech），並保證唯有教派信徒方能倖免於難。結果到了預言的12月21日，人們還是沒看到外星人的影子，世界末日顯然沒有到來。儘管如此，信徒們並沒有因而背棄這個宗教，而是變得更虔誠了，因為信徒們相信是自己堅毅不搖的信仰拯救世界，讓世界恢復和平。

　　信徒們對領袖與預言的深信，和現實狀況產生矛盾（地球並沒有毀滅），而這樣的矛盾則引發「認知失調」，所以

他們用新的信念消弭衝突：「其實領袖說的都對，而我們對她的信賴，讓世界逃過一劫。」

當初會產生「認知失調」，是因為信徒們自己選擇加入宗教，非受外力所迫，這點十分關鍵。假如他們是被其他信徒強逼入教，或有人答應要給入教的人一筆金錢，那他們就不會產生緩解「認知失調」的需求了。這是因為在被威逼利誘的情況下，信徒們能用信仰以外的動機，解釋自己為何入教（金錢、威脅），所以當見到世界沒有毀滅，他們也不會因現實景況而在內心產生衝突。

費斯廷格接著在實驗室證實自己的理論。他不是說服別人相信末日將至，而是請受試者重複做一項單調的動作，持續1個小時——他請參與者翻書本的書頁，這是怎麼看都不會是件有趣、好玩的事情。在翻頁1個小時後，受試者必須設法說服下一個人，讓對方相信這個任務其實挺不錯的。研究者在請受試者說服別人時，給部分受試者1美元，另一些受試者則得到20美元。最後，研究者請受試者幫這個任務的有趣程度評分。

相較於收到20美元的受試者，只收到1美元的受試者們，給這個「翻頁」任務的有趣程度打了較高分數。這是怎麼回事？**為什麼收到較少錢的受試者，反而相信自己過去1小時做的是件有趣的事**？從實驗結果看來，只拿到1美元的受試者們心裡產生待解決的「認知失調」。他們為什麼會產生矛盾感？

一方面，受試者們相信這個任務無聊透頂；另一方面，他們卻必須說服其他人這個任務其實很有趣──而且他們還沒拿到多少好處呢！「這不就表示該任務沒有自己當初所想的那麼無聊。」至於收到較多錢的受試者，他們相對容易地將這種矛盾感解決掉，因為他們是為了拿到20美元，所以才要說服他人「翻頁很有趣」的。而只拿到1美元的受試者，必須用其他方式以合理化自己的行為，於是把為任務所估計的價值，從「無聊」調整成「還行」，以減輕心中的不協調感。

我們從上述實驗再次看出，人腦總能找到輕鬆又簡單的方法，以快速恢復平衡；我們只要改變態度，就能恢復原本的快樂狀態。在物理學領域，在相對性原理（principle of relativity）的限制下，所有描述物理法則的方程式無論是在什麼參照物或架構下，都應維持相同形式。換言之，在兩個觀測者看來，或是在不同時間、空間的同一觀測者看來，那些物理方程式都該一模一樣。然而，心態與價值觀從一開始就是主觀的，我們能輕易調整它們，讓它們符合我們不斷改變的情境與目標。

因此，面對同一個任務，我們可能前一刻認為很無趣，下一刻卻覺得很有趣。對一個人來說，離婚、失業與癌症，可能是如末日般的災難；但在另一個人眼裡，卻可能是成長的機會。而且，不僅信念、心態與價值觀等主觀認知可以改變，大腦還會為了滿足人類的需求，若無其事地修正人們對

物質世界的看法。我們不可能在不同時間點，以一模一樣的方式看到相同的景致與感受相同的刺激——兩個人看著同一座山，因為他們預期山頂會出現的景致有所不同，所以其中一人把山看得陡峭；另一人卻覺得平緩。兩個人走在校園裡的活動中心，一人覺得怎麼走都走不完、一人覺得一下就走完了，他們對距離的感知，取決於自己是否穿著椰子胸罩、草裙與戴著一頂塑膠水果帽。

第 11 章

樂觀的陰暗面

低估風險，就像酗酒

A Dark Side to Optimism?
From World War II to the Credit Crunch—
Underestimating Risk Is Like Drinking Red Wine

利奧波德・特雷伯（Leopold Trepper）是名蘇聯間諜。時間是第二次世界大戰伊始，特雷伯假扮成一位加拿大企業家，潛伏在布魯塞爾。他以在歐洲各地都有分公司的「外國優質雨衣公司」（Foreign Excellent Raincoat Company，暫譯）這間出口商偽裝自己，實際上提供給客戶的東西不只是防水衣物——他為俄國提供足以改變歷史走向的機密情報，這些情報甚至可能改變史上死傷人數最多的一場戰役。問題是特雷伯弄到手的情報，內容可怕到俄國政府根本不願相信，於是遭到無視。結果，這個疏忽導致蘇聯折損無數軍民[1]。

特雷伯的代號是「萊巴・多姆」（Leiba Domb），但即使知道他的本名，也看不出他是哪裡人。他的姓氏來自德國，名字則和1655年的匈牙利國王與神聖羅馬皇帝利奧波德一世一樣，不過他只是出生於奧匈帝國新塔爾格鎮一個貧窮

家庭的猶太人。當他還是個孩子時，全家搬遷到維也納。青
年時代的特雷伯，發現自己無法在動盪不安的世界安分守己
地過活，他有意從政。他在19歲時先加入了隸屬共產黨的布
爾什維克派，結果因組織罷工而被關進波蘭的一所監獄。出
獄後的特雷伯去了巴勒斯坦，加入錫安社會主義運動名為
「青年衛士運動」（Hashomer Hatzair）的猶太主義復國運
動，反抗英屬巴勒斯坦託管地。他後來被巴勒斯坦驅逐出
境，搬到法國，結果他所在的政治組織被法國情報部門揭
發，他只能再度逃逸。

　　這回特雷伯去了莫斯科，很快就成了俄羅斯軍方總參謀
部的特工，負責管理與指揮一支活動於歐洲的納粹占領地的
蘇聯情報組織，該組織名叫「紅色樂隊」（Red Orchestra）。

　　特雷伯偽裝成企業家在歐洲行動時，德國正在為史上規
模最大的軍事行動做準備——德軍準備入侵蘇聯。早在1925
年，希特勒便在其著作《我的奮鬥》（Mein Kampf）中宣告
他入侵蘇聯的意圖。15年後，他準備將入侵與征服的想法化
為現實。1940年12月，希特勒收到並批准第21號指令
（Directive Number 21），也就是如今眾所周知的「巴巴羅薩
行動計畫」（Operation Barbarossa）[2]。

　　特雷伯很快就對俄國發出警告：

　　我在1940年2月發送急件，詳述德國有幾支部隊從法國與

比利時離開，派往東方。5月，我透過派駐維琪政府的蘇聯武官——蘇斯洛帕羅將軍送了攻擊計畫書過去，示意原始攻擊計畫日期為5月15日，並指出修改後的日期以及最終日期。[3]

德國最終入侵蘇聯的日期是1941年6月22日。450萬大軍將入侵蘇聯，納粹首領的意圖再清楚不過。然而在該年2月，史達林仍認為德國不會進攻[4]，畢竟兩國之間的外交與經濟關係相當密切，還在1939年簽署《德蘇互不侵犯條約》（*Molotov-Ribbentrop Pact*），暗中畫分兩國邊界地區的勢力範圍。史達林也許不把德國人視為最可信的盟友，但也無法想像自己會被對方從背後捅刀。他在收到特雷伯的情報後怒不可遏，甚至下令懲罰這名大膽謊報軍情的間諜。

假如當時只有特雷伯回報這則令人難以接受的消息，那我們或許還能理解史達林這般不願聽信的反應——相較於兩國簽署的互不侵犯條約，一名間諜的話語簡直是輕如鴻毛。然而，如此回報的人並不只有特雷伯。在特雷伯首次對莫斯科發出德軍欲犯的警告之後不久，另一名蘇聯間諜——代號「拉姆齊」（Ramsay）的理查·佐爾格（Richard Sorge）也告訴史達林政府，有150個德國師團在邊境聚集。佐爾格後來也將納粹入侵的確切日期給了史達林，卻同樣遭到無視；此外，美國總統羅斯福將自家間諜所蒐集到的相關情報給了俄國大使，也同樣石沉大海[5]。面對這般殘酷的現實，史達林選擇眼不見為淨。

「即使是在明亮的白晝，他也閉上眼睛，什麼都看不見。史達林與他的部下便是如此。」特雷伯寫道[6]。

在許多方面，史達林與其執政團隊可說與常人不同，他們的行為與理念非常駭人，但至少他們的大腦卻是以十分容易預料且常見的方式在運作。

▌ 鴕鳥心態

請見下列事件，試估計自己這輩子遭遇各事件的機率（如果已經經歷過其中幾項，那請評估自己再次遭遇這些事件的機率）。請問，你遭遇這些事件的機率有多高？

- ・罹患癌症
- ・離婚
- ・失去工作

我們先思考第一項吧，你估計機率有多高？在美國，約四分之一人口死於各種類型的癌症[7]，因此一個人這輩子罹癌的機率當然高於四分之一，大約33%。你估計的數值，比實際數值高還是低？

大多數人就像低估德軍進犯可能性的俄國人一樣，往往會低估自己一生中遭遇負面事件的機率[8]。在回答第一個問

題（罹癌機率）時，大部分的人都會給出低於33％的機率；對第二題（離婚機率）的回答則會低於50％（是的，你沒看錯，在西方國家中約50％的婚姻會以離婚收場）。

首創「樂觀偏誤」一詞的尼爾‧韋恩斯坦（Neil Weinstein）在一系列的研究中，發現人們相信自己遭遇不幸的機率低於平均值——其中包括被解雇、被診斷出肺癌、酗酒等負面事件。即使只透過簡單的算數，我們也可得知「大多數人」遭遇不幸事件的機率不可能「低於」平均值，這些人顯然估計錯了。總不可能每個人都過得比一般人好啊。

的確不可能，但我們還是在內心深處，相信自己能過得比別人好。我們是真心認為自家小孩一定能健康長大，且會功成名就。我們攜手站在教堂聖壇前時，也是真心覺得自己能和伴侶幸福快樂地度過後半生；然而，有半數人的預期都錯了。離婚是如此普遍，套句作家奧斯卡‧王爾德（Oscar Wilde）的話：「連世界都不相信真有幸福婚姻存在。」

有些人看到這些數據，也許會覺得沒什麼好奇怪的。我們從個人經驗中學到，人在談戀愛時沒什麼心思做統計計算——連理性思考都有問題了，還算什麼數學？而且，即使是經歷分手或離婚，也不一定會對我們的樂觀態度造成太嚴重的影響，至少不影響我們再試一次。再婚率居高不下，正顯示人們即使在失敗過一次、兩次、三次以後，還是相信下次會更好。就如詩人山繆‧約翰遜（Samuel Johnson）所說，

再婚是「希望戰勝經驗」的表現。

　　難道我們只是純粹不知時下離婚率有多高嗎？還是說，我們只是預期自己的感情生活會與眾不同？1993年，德州大學心理學者林恩‧貝克（Lynn Baker）與維吉尼亞大學心理學者羅伯特‧埃默里（Robert Emery）決定仔細探討這個問題[9]，他們找了打算結婚的一群人，請他們估計美國的離婚率。結果顯示，多數人都能大致估出美國人整體的離婚機率。接著，研究者問起受試者對本身婚姻的預期，幾乎所有人在估計婚姻關係的持續時間時，都給了相當理想的答案。受試者們不但低估自己的婚姻以離婚收場的機率，還低估婚姻破滅時可能會遭遇的負面後果。那麼，如果我們顯著提升人們對離婚率的體認呢？這會破壞他們美好的期望嗎？根據貝克與埃默里的研究，答案是：不會。他們發現，就算跟已訂婚的法學院學生講授婚姻相關法規，學生們對本身婚姻的預期，仍舊不切實際。

　　這些法學院學生就和無視特雷伯警告的史達林一樣，不認為離婚對一般人造成的負面後果，有可能影響自己的未來。換句話說，即使在看到詳細、可信的數據——如美國人的平均離婚率，或德軍入侵的確切日期——之後，人們還是經常選擇視而不見，固執地只看著光明面[10]。

　　二戰期間選擇視而不見的人不只史達林。在邊界的另一邊，德軍指揮官也變得過分自信，忽視參謀的警告。希特勒

預期對蘇聯的戰鬥能迅速決勝[11]，根本沒料到之後會是一場漫長、血腥的戰役，也因此沒做好在寒冬作戰的準備。因為他在計畫上的疏漏，等到夏季與秋季過去了，雙方開始在零下寒冬戰鬥時，德軍完全沒有禦寒衣物與在嚴寒環境打仗所需的裝備。希特勒不僅錯估入侵行動的時間長短，還錯估財務上的後果——雖然在行動開始前就有人警告過他，「巴巴羅薩計畫」可能會帶來巨大的經濟負擔[12]，不過他堅稱自己「從今以後都不會再聽那種話，從今以後他會塞住耳朵以求安寧。」[13]結果，他只得到短暫的安寧。

　　我們大部分的人和蘇聯與德國指揮官不一樣，不必擔負一整個國家的命運；我們不必基於預測，決定是否該為敵國入侵做準備，也不必預測國家是否該發動戰爭。儘管如此，就如韋恩斯坦等人的研究所示，在論及自身的感情關係、健康與事業時，我們總會低估事情出錯的可能性，而這些預測會影響我們的選擇、改變我們的人生。舉例而言，如果我們預期自己和伴侶能長相廝守，那可能就不會簽署婚前協議書，結果在要離婚時反而雙方鬧得雞飛狗跳。反過來說，假如我們對一段感情不抱持可長久經營的正面期待，那可能永遠都不會跟對方結婚。

▌面對現實時，我們如何保持樂觀？

「樂觀偏誤」雖然常見（根據耶魯大學心理學者大衛・阿爾默〔David Armor〕蒐集的數據，約80％的人，對人生懷有樂觀期待），卻還是令人費解。難以理解的是，我們天天都會經歷負面與正面事件——只要看新聞就可知全球的經濟與環境問題；也知道要面臨如癌症、愛滋病等種種健康威脅——儘管如此，人們卻還是會低估自己困在車陣中、心碎，或者被好戰的指揮官攻擊的可能性。

根據著名的學習理論（learning theories），人類——或任何一種動物——應該能從負面（與正面）結果中學到教訓，改變自己的預期。那麼，我們為什麼就是學不到教訓？

請回想我在以色列魏茨曼科學研究所做過的研究（詳見本書前言），魏茨曼研究所的學生高估自己下個月碰到好事的機率（如一次怦然心動的豔遇，或在派對上玩得盡興），高估的幅度約20％。儘管他們累積了好幾年的日常生活經歷，理當能夠更準確地預估下個月所發生的各種事件的機率，卻還是展現出不切實際的樂觀。

想做相對準確的預估的話，我們只需回顧過往，對自己說：「我上個月幾乎每次開會都遲到；看過的電影中只有一半覺得好看；伴侶也沒有送我禮物。由此可見，我這個月應該大部分活動都不會準時參加；應該只有50％的電影讓我滿

意；也不該期待伴侶會送我禮物。」一般而言，精確地處理資訊是塑造最佳行為的關鍵。這也衍生出一個問題：當對未來充滿樂觀時，假如有這麼多和樂觀預期互相矛盾的資訊，人們又為何能堅持這種不切實際的樂觀態度？我和學生決定動手找答案。

我們的想法是這樣的：即使在手邊有精確數據的情況下，人們對未來的期望還是偏離現實，想必是因為大腦會選擇性地處理資訊。我們姑且把這種狀況稱為「學習偏誤」（learning bias）吧，這種偏誤允許人們在形成對未來的看法時，只將看得順眼的資訊納入，將不喜歡的資訊排除——於是衍生成盲目的樂觀心態。大腦真的是這樣運作的嗎？如果是的話，為什麼要這樣運作？

我在本章前面，曾請各位估計自己遭遇一些負面事件（罹癌、離婚、失業）的可能性。在做研究時，我也邀請一群志願受試者做了類似的事：請他們估計自己遭遇80種不幸事件的可能性（包括手或腳骨折、錯過班機、發生車禍等），同時用功能性核磁共振造影儀記錄他們的腦部活動。

在受試者一邊接受掃描、一邊估計遭遇那80種不幸事件的可能性後，我也提供了已開發國家人民遭遇那些事件的平均機率，就和我早先為各位提供的數據一樣。受試者們會如何看待我提供的數據呢？他們會修正自己的預期嗎？這些問題都非常重要。我們想知道，這些人會如何處理自己收到的

資訊。大腦會以不同的方式，處理好消息與壞消息嗎？這能或多或少解釋人類的「樂觀偏誤」嗎？

當受試者收到不同的不幸事件發生的真實機率後，我們再次請他們評估自己遭遇這些事件的可能性。整體而言，受試者們確實參考了這些數據，然而最重要的是，我們發現受試者在接收好消息與壞消息方面，確實呈現出差異。假設珍妮估計自己得胃潰瘍的機率是25％，之後得知人們得胃潰瘍的平均機率只有13％，那她在第二次評估時，可能就會更新自己的估計值（第二次估計的數值，可能會變成15％）。但假如珍妮起初估計自己得胃潰瘍的機率是5％，之後得知實際的平均機率是13％（比她的估計值高得多），那她即使調整了自己估計的數值，也只會做出很微幅的調整。

大腦選擇性地更新預期，是不是因為對好消息與壞消息的記憶差異所致？換句話說，珍妮是不是只記得正面的數值，至於那些挑戰她的樂觀心態的資訊，她都沒記住？事實並不然。無論我們提供的是他們想聽或不想聽的情報，受試者對這些數值的記憶都是一樣清楚的。就如貝克與埃默里在研究中顯示的那樣，受試者們還是能準確地估計負面事件發生的平均機率，可見產生偏誤的並非資訊處理步驟，而是運用資訊的步驟。當數據比預期的更好時，人們會注意到這點，於是將這個新資訊納入考量（「喔，原來在60歲前死亡的機率只有10％啊⋯⋯那我可能會活得比我預期的更久

囉！」）；當數據比預期的還要差時，人們會選擇忽略這個資訊（「唔……中風的機率是23％啊。但我這麼健康，這個數據應該不能套用在我身上吧。」）。明明是相同的資訊，卻能因為是比我們預期的好或壞，而在人們心中顯得重要或根本不值一提。

額葉選擇性地記錄有利誤差

我們觀察了受試者的腦部活動，找到參透這種思維模式的線索。一般情況下，當人們有具體的預期時，大腦會記錄下預期與實際結果的差異[14]，舉例來說：你正在一家新開的餐廳吃晚餐，服務生介紹今日的特餐是龍蝦義大利餃。菜單上沒有註明這道菜的價格，所以當服務生介紹的同時，你也忙著估計這道菜的價格，你猜想是27美元。當服務生終於介紹完這道菜後，也把價格報給你：這道菜要價35美元。你有點吃驚，而這份預期與結果之間的差異，會以腦部活動加劇的方式表現出來；且價格差異越大，大腦發出的訊號就越強。這個「不協調訊號」十分關鍵，因為大腦會利用它來學習，並更新對事物的預期。當下次再來這家餐廳用餐，你不僅已經知道龍蝦義大利餃的確切價格，還會以這道菜當成評估其他菜餚價格的基準。所以下回當服務生介紹新菜色——鮮蠔義大利寬麵時，你應該就較能準確推估這道菜的價格。

　　當我們提供受試者關於不幸事件發生機率的統計數據時，也發現了類似的現象，他們的額葉會留意預期和統計數據之間的差異。其中一名受試者霍華德，估計自己得生殖器疣的機率是20％，他接著得知平均機率比他的估計數值還低——只有約12％；這時，我們在他的額葉一些區塊觀察到較強的血氧濃度相依對比訊號。如果估計值與統計數據之間的差異更大（假設他一開始給的估計值是30％），那麼我們觀察到的血氧濃度相依對比訊號會更強。

　　我們已經知道大腦會注意預測的錯誤，所以這也不是什麼驚人發現，真正令我們吃驚的是，**大腦只有在新情報對己有利時**（如上例），**才會如此顯著地記錄兩個數值間的不協調**。當大腦得到不利的消息時——某人估計自己得生殖器疣的機率只有1％，卻得知平均機率是約12％——大腦就不會這麼仔細地留意誤差了。由於額葉選擇性地記錄有利的誤差、沒有記下不利的誤差，所以人們從好消息中獲得的訊息就比從壞消息中獲得的訊息更多。結果，當受試者們離開實驗室時，反而變得比來之前更加樂觀了！

　　這是好事嗎？如果我們低估健康風險，我們尋求預防性照護與接受篩檢的機率就會降低，從事危險行為的機率也會提升[15]。你是不是經常在大熱天懶得擦防曬乳，想說反正不過偶爾曬幾次太陽而已，不太可能就此得皮膚癌吧？你是否覺得自己身體健康，跳過一次健康檢查也沒關係，或忽視一

次不安全的性行為？低估風險就可能導致形形色色的健康問題，結果是每年對健保體系造成沉重的財政負擔，而這原本是可避免或預防的。

▌極端樂觀心態和不理性決策相關

　　大腦怎麼會天生有「學習偏誤」，影響我們對周遭世界的認識與瞭解？我們為什麼要發展出這套系統，對未來做出不精確的預測？難道說，這種不理性的樂觀心態，能成為人們生存上的優勢？

　　我在第3章提過，樂觀心態是一種自我應驗預言。舉例而言，一份研究追蹤了238名癌症患者，從中得到一個驚人結論：在60歲以下身體健康、病情與年齡皆相同的病人當中，悲觀者在7個月內死亡的機率高於樂觀者[16]。此外，在接受血管移植手術後，樂觀者康復的速度比悲觀者快，且再次入院的機率也較低[17]。大腦不去記錄關於未來的壞消息，也許是有原因的。因為如果低估了負面事件在未來發生的機率，我們的壓力與焦慮感都會有所減輕，對身體健康也有益處。

　　除此之外，保持樂觀還有一些其他優勢，這些是多數人都料想不到的。看看下面這份清單，猜猜看哪些因素和一個人的樂觀程度相關：

1. 每天工作時數
2. 擁有儲蓄帳戶
3. 喜歡吃冰淇淋
4. 結婚與否
5. 預期的退休年齡
6. 是否有抽菸習慣
7. 對筆記型電腦的依賴程度

你覺得哪些因素和樂觀心態有關？是正相關還是負相關？樂觀主義者是比較會抽菸，還是比較不會抽菸？樂觀者會預期自己較早退休，還是較晚退休？他們會喜歡還是討厭冰淇淋？

杜克大學經濟學者曼朱・普利（Manju Puri）與大衛・羅賓森（David Robinson），想研究樂觀心態與生活方式之間的關係[18]。他們使用美國聯邦儲備委員會消費者財務調查（U.S. Federal Reserve Board's Survey of Consumer Finances）的數據資料，該調查包括許多涉及人們的工作習慣、消費與儲蓄習慣、與健康有關的生活習慣以及對未來的預期。為量化人們的樂觀程度，普利與羅賓森檢視了人們對於「你認為自己能活多久？」這個問題的回答。人們對壽命的預期，通常會比現實情況更久些。研究者們可透過比較人們填答的壽命長短以及數據顯示的平均壽命，推敲出填答者的樂觀程度。兩位研究者

知道，錯估自身壽命是樂觀心態的一種表現，因為過去的標準心理樂觀測驗（standard psychological optimism tests）顯示，錯估壽命長度的程度，和樂觀程度相關。

　　兩位研究者將填答者區分為「極端樂觀者」「中度樂觀者」與「悲觀者」。為自己多估20年壽命的人被歸為「極端樂觀者」（占總填答人數約5％）；「中度樂觀者」則是只幫自己多估數年壽命的人，多數填答者都是這一類；低估自身壽命的人則被歸為「悲觀者」，這些人占總填答人數的極少數。

　　我們回頭看看可能和樂觀心態有關的因素清單，和樂觀心態相關的因素包括第1、第2、第5與第6項：每日工作時數、擁有儲蓄帳戶、預期的退休年齡以及是否有抽菸習慣。中度樂觀者的工作時數較長，預期自己會較晚退休，平時存的錢較多（規畫期較長），也比其他組別的人較不常抽菸。極端樂觀者工作時數較短、存的錢較少，也較常抽菸。

　　無論是在投資選擇或工作效率方面，樂觀心態都是關鍵因素。中度樂觀心態和理性決策有關，極端樂觀心態則和相對不理性的決策相關——可見生活中的每一個面向，「適度」都是一大關鍵。

　　稍微低估擋在前方的障礙，我們才能奮力前進；如果我們完全無視風險與危機、覺得那都和自己無關，那在障礙出現時就會顯得狼狽不堪。普利與羅賓森用一個譬喻，總結他們的研究：「樂觀心態就像紅酒，一天一杯有益健康，但一

天一瓶就有害了。」極端樂觀主義就像酗酒，不僅傷身，還會傷及荷包。

▋延宕 10 年的雪梨歌劇院

我們來看看雪梨歌劇院的例子[19]。1955年9月13日，澳洲新南威爾斯州長約瑟‧卡希爾（Joseph Cahill）宣布舉辦設計比賽，鼓勵人們設計一間未來將蓋在雪梨班納隆角的歌劇院。全球各地230多名建築師都參與設計競賽，最終獲選的是丹麥建築師約恩‧烏松（Jørn Utzon）的團隊，他們贏得建造這幢日後被稱為現代建築名作、當代標誌性建物的機會。烏松等人估計歌劇院會在1963年1月26日完工，總建造成本是700萬美元[20]。在他們的估計下，團隊有6年時間可以蓋完。在當時，6年似乎是建造歌劇院的合理時程，然而他們很快就遭遇意料之外的阻礙。

首先，建築團隊沒想到必須面對暴風雨侵襲，雨水一直淤積在工地。此外，他們還沒完成最終版藍圖就不得不開工，於是導致了好幾個問題，如墩座柱結構太脆弱，沒辦法承擔屋頂的重量，後來只能拆掉重建[21]。到了1966年，這項工程已經超支1600萬美元，離原定完工日期也已經晚了3年多。建築師團隊與政府官員之間的緊張關係逐日升溫，雙方都認為會造成這悲慘困境是對方的錯。最後，約恩‧烏松辭

職，完工日期再次延後。

　　到了1973年，離當初預計完工日的10年後，雪梨歌劇院終於建成了，總花費是1億200萬美元──是原始預算的14倍多！最終成品無疑令人嘆為觀止，但一定非得走這條迂迴道路嗎？難道沒有辦法預先注意到施工過程中可能遭遇的困境，並提前做準備嗎？當初的團隊就不能提出較合理的預算與時程嗎？

　　雪梨歌劇院並不是唯一的案例，無論是建築工程、電影、舞台劇、晚宴、住家整修、戰爭或和平計畫，超支經費與時程延宕的狀況幾乎可說是常態。英國政府決定要處理這個問題，在政府發行的《綠皮書》（Green Book）中提出具體的指導方針，列出評估經濟狀況之整體方法，希望能導正評估時的樂觀偏誤。在提到「樂觀偏誤」議題時，有一條特別補充的指導方針寫道：「先例顯示，計畫評估者大體上容易傾向過分樂觀，為矯正此傾向，評估者應以經驗為基準，明確地調整計畫的花費、收益與時程估計。」[22]自此之後，英國政府推行的許多計畫，包括2012年倫敦奧運，都做了避免「樂觀偏誤」的相關調整。

▌「樂觀偏誤」是金融海嘯根本原因之一

　　信貸業者似乎很瞭解「樂觀偏誤」現象（至於他們知不

知道自己也同樣受「樂觀偏誤」影響，就不得而知了），我們甚至可以說，他們會在行銷信貸商品時試圖利用與強化這種偏誤。借方可能會低估負面事件（如罹病與失業）發生機率，並不切實際地相信正面事件（如加薪）發生的機率很高，因而選擇借較多錢；倘若他們沒有這些樂觀想法，可能就不會借這麼多錢了。儘管如此，就如2008年9月的股市以毫不留情的態度昭告世人，股價可以上漲，也可以像不見底般地持續下跌。有經濟學者提出，**「樂觀偏誤」正是2008年金融海嘯的根本原因之一**[23]。「樂觀偏誤」不僅模糊了私人企業與大眾的視野（人們相信房子會持續增值、薪水會持續成長，卻也相信利率會維持當前的狀態），政府官員、信貸評級機構與金融分析師也同樣看不清，預期不切實際的高利潤將維持下去。

各位也許會認為，如果想到2008年的金融危機所造成的信用緊縮，以及當時新聞媒體描繪出的悲觀前景，人們可能對商業前景不再保持樂觀，但事實並不然。根據2008年7月一份針對英國776位商業人士的調查，當中有76%的人仍對接下來1到5年感到樂觀。受訪者明明很清楚當時的經濟狀況是多麼嚴峻，為什麼在展望未來時，卻不認為貧窮與破產的命運會落到自己頭上？

人們在設想逆境時，往往會覺得自己能置身事外。填寫調查問卷的那些商業人士雖然虧了錢，但只要他們閉上眼

睛，就能想像自己用各種方法重振企業，最終又開始獲利。
再舉一個例子，這是我做過的一份研究中，一位受訪者的回
應，我請她形容弄丟公寓鑰匙的感受，她的回答是：「被鎖
在家門外當然很心煩，但我想我一定會把備用鑰匙藏在什麼
地方，或是交給別人（室友）保管。不過我猜房東也會有一
把備用鑰匙，所以我會走下樓找房東給我鑰匙開門。」

　　我曾多次被鎖在公寓門外，次數多到不堪回首，我可以
告訴各位，鑰匙弄丟時，想進屋絕對沒有這位受訪者說的那
麼容易。有一次，我不得不拜託弟弟開一個半小時的車，幫
我把備用鑰匙送來。還有一次，我只是出去倒個垃圾，就被
鎖在公寓門外，無奈之下我還得去敲鄰居的門（我數周前才
剛搬進去，所以在此之前根本還沒見過這位鄰居），借用他
們的電話。幸好鄰居是個友善的女士，一個鐘頭後鎖匠來
了，我終於能回到公寓——唉，那次我可是花了200英鎊。

　　如果能夠想像到事情可能會出錯（如被鎖在公寓門
外），顯然就會有助做出有益的舉動（把備用鑰匙交給鄰居
保管），幫助我們避免在未來遇到這些逆境，也能幫助我們
做好面對失望與心痛的心理準備。然而，若一再「執著」於
負面事件，亦會提升焦慮與憂鬱等消極情緒，影響我們的日
常活動。

　　「我自己是樂觀主義者——抱持其他任何一種心態，似
乎都沒什麼用處。」1954年，英國首相邱吉爾在某次宴會

中，對著眾人說道。照邱吉爾的說法，悲觀主義者在面對機會時只會看到困難處，因此可能連試都不去試；樂觀主義者則會在困境中找到機會。

在估算2012年倫敦奧運的預算時，英國政府確實考慮到人們有過於樂觀地預測未來的傾向，於是調整了預算額度。但假如人類天性並不樂觀，這世上還會有人想參與體育競賽嗎？我認為，預期自己將在奧運競賽中得名的選手人數，會顯著超出實際上能登上獎台、贏得獎牌的選手人數。大多數運動員能夠熬過多年的高強度密集訓練，是因為他們能清楚地想像那最終目標——能做到這點，真的非常重要。

後記

是美少女，還是憂愁老婦？

▋ 人類總是不由自主地編織美夢

　　我們從沙姆沙伊赫陰暗的夜空一路來到洛杉磯湖人隊擁擠的更衣室；從愛爾蘭酒吧來到加州大學戴維斯分校；接著又鑽進倫敦的黑色計程車。之所以帶著各位踏上這條路，主要是為了說明兩個重要觀點。

　　第一個觀點相對簡單：大多數人都是樂天派。好事確實有可能發生，但**平均而言，我們的預期往往會比未來實際發生的結果還好**[1]。我們不一定會意識到自己的偏誤，畢竟「樂觀偏誤」和人腦其他錯覺一樣，僅靠反省是無法輕易發現的[2]。不過科學證明，人類就是不由自主地會編織美夢[3]。我們會認為自己的孩子以後會過得好、自己能應徵到一份好工作、住在山中別墅，還能找到真愛與幸福。我們會想像自己支持的球隊在關鍵比賽中獲勝，也會期待之後去哥斯大黎加放鬆度假。我們會幻想自己的投資帶來大量利潤，也會期待持有的房地產價值上漲。即使在金融市場崩盤、好戰

的指揮官蠢蠢欲動之時，本能也不斷地告訴我們，一定可以
挺過去。

別誤會，大腦還是會產生一些消極想法。我們會擔心失
去愛人、工作不順，或因飛機失事而葬身紅海。然而研究顯
示，多數人花在思索負面結果上的時間，少於用來思索正面
結果的時間；而且即使是想到失敗與心碎的情境，通常也是
在思考該如何避免那些狀況。

我們是樂觀沒錯，但我們的期待通常也不會近乎瘋狂。
大部分的人都不會預期自己贏得奧運金牌、當上美國總統，
或成為好萊塢明星。「樂觀偏誤」不過是指，我們的期待常
會比未來的實際狀況稍好一些，且整體而言這會帶來一些益
處。很多數據都證實樂觀心態的好處：樂觀者能活得更久、
身體更健康，也比較幸福快樂，也能制定較好的財務計畫，
往往也比較成功[4]。

▎「樂觀偏誤」會改變主觀現實

接著，就要介紹本書想提出的第二個觀點：人腦進化成過
於積極地預測自己未來會幸福又成功，而有趣的是，這麼做確
實有可能讓我們變得更健康、更有可能取得事業上的成就。想
瞭解大腦是如何產生與維持不切實際的樂觀，以及樂觀心態為
什麼能導致事業與個人生活的順利（這是更令人費解的部

分），就必須對人腦有詳細的認識。正面預測會導向正面結果（主、客觀結果都是）的傾向，是基於一些最根本的原則，這些準則引導大腦如何看待、詮釋與改變周遭的世界。

大腦結構階級分明，正因為這種明確的安排，「預期」才能夠影響我們對現實的感知及採取的行動，進而改變現實本身。書中介紹了大腦結構等級中最高級的構造，如額葉皮質，也介紹了等級較低但早已進化成熟上的結構。想必各位應該還記得，額葉皮質負責執行制定計畫、抽象思考、心理理論（思考別人在想什麼）、偵測錯誤與化解衝突等較高等的認知功能[5]。進入大腦更深處，就是皮質下區，以及我在書中多次提及的杏仁核（負責處理情緒）[6]、海馬迴（在記憶方面扮演重要角色）[7]和估量刺激與行動價值的紋狀體[8]。

大腦的上皮層可透過神經訊號將期待傳達給下皮層，使下皮層腦區的活動發生偏誤[9]。我曾請你閉上眼睛、想像自己的未來，而我從過去的研究結果推測，你腦海裡想像的較有可能是好事，而不是壞事。大腦成像數據顯示，這種不平衡現象之所以會發生，是因為額葉神經細胞改變了大腦皮層的活動，使人們在思考未來時，強化傳遞正面情緒與相關聯想的訊號[10]。低等級結構的神經細胞會形成回饋迴圈，將訊息回傳給高等級結構，強化大腦最初的期待。

我們曾在第1章使用視覺案例，此處也用一張圖作為輔助說明，看看「預期」是如何改變人們感知與詮釋世界的方

圖3

Adapted from *Puck* magazine (1915).

式。請看上面這張圖，圖中是位穿著皮草的少女。

　　能看見她嗎？請重新再看一次這張圖，但這次我想告訴各位，這張圖其實是位留著黑色瀏海、有一副鷹勾鼻的老婦。各位可能得花一點時間，才能把美少女的印象抹去，看見這位老婦。

　　一開始，你期待看到一名穿著華麗的少女，所以在看圖時，你會主動尋找符合期待的線索，最終大腦偵測到那些線索，將這張圖解讀成是一位少女的側像。然而當我說圖中人物其實不是美少女，而是位神情憂愁的老婦。這時，你很快地更新期待，開始在圖中尋找老婦身影，最後神奇地發現觀察的對象終於符合預期。事實上，美少女與老婦都同時存在

於這張圖中，你會看到哪一個，純粹取決於你的預期。

「樂觀偏誤」也是基於類似原則，使預測化為現實。首先，「樂觀偏誤」會改變你的主觀現實；換言之，樂觀信念會改變我們對人、事、物的看法。生命中多數事件都是正面與負面因素組合而成的，舉例來說，請想像自己不久前從巴黎藍帶廚藝學校畢業，準備接下一份新工作，成為名廚馬利歐・巴塔利（Mario Batali）在曼哈頓的一間義式餐廳的主廚職位。你從以前就一直夢想和馬利歐並肩工作，想近距離看看他那遠近馳名的紅馬尾。這份工作受人尊敬、薪資很高，但缺點是工時很長，你得花大量時間切洋蔥，還得從在皇后區的公寓通勤到曼哈頓上班。考慮到上述優缺點，你覺得自己會喜歡這份新工作嗎？

在讀過第5章之後，各位應該明白：第一，這是個陷阱題，沒辦法給出可靠的答案；第二，通勤時間長對心理健康有害。儘管如此，當你想像著自己戴上廚師帽時，我猜你腦中的多巴胺能神經元已經開始活躍，就和提姆想像著接下來去哥斯大黎加度假時的反應一樣。多數人應該會承認，自己預期的會是笑吟吟地切洋蔥的畫面，而不是在地鐵上人擠人。

通常情況下，我們都會預期未來是光明美好的，所以我們多少有些偏見，覺得未來更有可能朝正向的一面發展，而不是負向的。當我寫下這幾句話的同時，有個朋友打了電話過來，說他人正在倫敦希斯洛機場，等著搭機去奧地利滑

雪，不過由於當地正遭受暴風雪侵襲，他的班機延誤3個小時。「這應該是好事，也是壞事吧。」他說道。在機場候機並不是件舒服的事，不過他的大腦很快就如此做結：「今天下雪，表示明天會更適合滑雪。」他還沒想到班機可能會被取消，明天可能沒辦法開開心心地滑雪。最終班機還真的被取消了，但我的朋友還是在24小時後抵達目的地。當地陽光明媚、地上積了很多雪。

班機取消還不算是場悲劇，但即使當我們遭遇自身未曾預料過的恐怖事件時，也會自動開始尋找種種跡象，想方設法證實這其實是如「塞翁失馬」般的祝福[11]。因此，這也是為什麼多數人在想到癌症時，就像在圖中看到老婦；而藍斯・阿姆斯壯看到的卻是位身穿皮草的美少女。是的，我們並沒有預期自己會失業、罹病或離婚，不過在真的遭遇這些事件時，我們總會尋找事情好的一面，設想成這都是幫助我們變得更成熟的經驗；而我們也相信這些經歷，都是在未來獲得更令人滿意的工作與更穩定的感情關係的必經過程。將不幸解讀成美少女時，我們就可以相信自己的假設並沒有錯，事情最終還是會有好結果。

如果在這些變化快速發生時同步記錄大腦活動，就會發現，人們能在負面事件中強調事情光明面，又是多虧額葉皮質與負責處理情緒性價值之皮質下腦區的來回對話。在想到班機延誤等不幸事件時，紋狀體會發出訊號，傳達這次事件

的好處與壞處，而這時額葉皮質就會調節這些訊號，使訊號產生正面的偏誤【12】。之後，班機延誤的價值會被更新，再回傳給額葉區塊，於是我們就會得到一個結論：班機延誤，其實也沒那麼糟嘛。

　　諷刺的是，當我們把挫折視為機會，或許真的會如願以償。這是因為預測不僅會改變看法，還會改變我們將採取的行動，進而改變客觀現實。倫敦大學學院教授與當今神經科學界權威卡爾‧弗里斯頓（Karl Friston）表示：「我們會時時刻刻改變自己和環境的關係，使自己的預期，成為一場自我應驗預言。」【13】舉個簡單例子：你預期自己會在派對上遇到老朋友，這種期待會引發特定行為──你在房裡四處走動、看著周遭一張張臉，甚至踮起腳尖仔細觀察人群。有了這些行動，你確實會比較有機會遇到朋友。根據弗里斯頓的說法：「這個原則，可能含括我們為避免意外事件，而在社會上採取行動的方式。」【14】

　　依據這套推論，樂觀者會採取特定行為，使他們的樂觀預期更有可能成真。萊利教練讓洛杉磯湖人隊勤練了12個月，是因為他相信這支球隊能在一年結束後再次奪冠──他們也確實成功了【15】。在真人實境的生存節目裡，樂觀的伊蘭在島上四處尋找椰子，還在海裡想辦法抓魚，這都是會提升她生存機會的行動。麥特雖然只能坐輪椅，還是致力蓋房子與當橄欖球教練，這是因為他相信即使是半身不遂的生活，

也值得他活下去——他的生活也確實變得豐富多彩[16]。彼得相信自己能避免心臟病復發，於是他少吃漢堡、經常散步，這些行為亦降低心臟病復發的風險。

▌保持樂觀，並防止落入不切實際的陷阱

認為自家球隊能成為1988年NBA總冠軍的教頭不只萊利，預期自己成為最後贏家的生存節目參賽者也不只有伊蘭，大部分的人都相信自己有機會獲勝，但大多數人都將空手而歸——這，就是「樂觀偏誤」的精髓。話雖如此，不認為自己有機會贏得獎盃、過上健康生活或達成事業目標的人，本來就比較不會去採取有機會達成這些目標的行動。

人們傾向如此推測：在演化過程中，樂觀這一特質能夠保留下來，原因正是因為正面期待能提升人們存活機率。樂觀者能活得更久、更健康[17]，且也有統計數據顯示，多數人都會展現出「樂觀偏誤」[18]。近期也有數據顯示樂觀心態與特定基因之間存在某種關聯[19]，這都是支持以上假說的論證。

然而，樂觀雖然有種種好處，卻也有著潛在的危險。在特定情境中，許多個人的微小樂觀偏誤若結合成一種強烈偏離現實的幻想，將進而導致災難與危險。以2008年金融危機為例：每個投資者、房地產持有者、銀行家與經濟管制者預測的獲利，都稍微高於實際可能的利潤[20]；每個人都覺得自

己的偏誤不會造成太大損失，但當這些偏誤全部集合到同一個金融市場時，便會形成巨大的金融泡沫，在泡沫破裂時就會讓許多人損失慘重。

再來回顧在第11章討論的例子：雪梨歌劇院的工程比原先設想的多了10年。建設計畫會出現這麼多問題，並不是一個人太過樂觀所致，計畫經理必須考慮到多名團隊成員——建設經理、設計工程師、建設工程師與計畫建築師——提供的估計，才有辦法得出最後的預計完工日期。世上沒有完人，這些專業人士都稍微低估完成工作所需的時間，而大部分工作都是接連進行，不是同時進行：在雪梨歌劇院案例中，建築師團隊必須先完成藍圖，施工團隊才有辦法動工。當每個團隊成員低估的時間都逐漸累積，最後便造成嚴重的延誤。

樂觀心態也可能讓個人面臨負面結果，且極端樂觀者特別有可能遭遇，對他們而言，「樂觀偏誤」的危害多過益處。話雖如此，如果我們真確地認識「樂觀偏誤」，應該就有辦法一邊保持樂觀——受益於樂觀心態，同時採取一些行動，防止自己落入不切實際的樂觀陷阱。這就像是看著圖3時，我們知道圖中還有老婦的存在，但還是能看見美少女的側影；也就如即便飛行員認為飛機正筆直地往地面直衝，也還是知道自己能充分信賴導航系統平安駕駛。我們應該要相信自己會健康長壽，但還是必須定期做健康檢查；我們可以

確信婚姻會長長久久，但還是要簽署婚前協議書；我們可以預估自己會在7個月內完成計畫，但保守起見還是多估1個月的時間。

飛行員並不是一出生就瞭解眩暈現象，如果沒在坐進駕駛艙前充分認識這種現象，我們可能會天天看到飛機出現「死亡螺旋」狀況。同理，大腦並不是天生就知道自己存在哪些認知偏誤，人們也不會自然而然地認知到這些偏誤的優缺點，這都必須透過仔細觀察才能發現，然後運用嚴謹的科學實驗加以證實，最後將之公諸於眾。

大腦歪曲了事實。大腦確實騙了我們，但大腦這麼做是有原因的。在欺騙的同時，大腦也讓我們明白，原來每個人都會受錯覺與偏誤影響。

致謝

　　我非常幸運，結識一群親切、有才華又聰明的朋友，而這些朋友同時也是我的同事。他們不但幫我試閱一些章節、提供意見與建議，還給了我支持的力量，讓我寫書過程變得更愉快，大大改善本書品質。塔瑪拉・夏納耐心地讀了我寫的每一個字，聽我訴說我不計其數的困擾，他是我的朋友、諮商師與醫師，他的大恩我永生難忘。阿米爾・多隆（Amir Doron）是一套出色的青少年書籍作者，是他幫助我完成《正面思考的假象》的初稿；他可說是位會走路的搜尋引擎，本書許多例子都是他提出的想法。幸好在多年前，我第一次踏進大學經濟學教室時，選了阿米爾身邊的空位。了不起的羅莎琳・摩恩（Rosalyn Morn）提供各種協助，從程式碼到社交與工作上的糾紛，都是她幫忙解決的。莎拉・本特森在讀完本書後給了見解深刻的建議；我因她的研究而獲得啟發，於是寫出第3章。安娜・史蒂芬諾維奇（Ana Stefanovic）仔細地讀了這本書，幫我挑出一些錯誤。派崔克・弗恩德（Patrick Freund）是給我歡笑的夥伴，他幫忙讀了部分章節，給了許多建議。馬克・古塔特・馬希普（Marc Guitart Masip）提供了意見，並花了不少時間和我做各種討論。尼克・萊特（Nick Wright）幫我留意相關新聞報導，並提供許多評論。特別感謝史蒂夫・弗雷明

（Steve Fleming），多虧他堅定的支持，我在這場冒險中才能維持「樂觀偏誤」。藉由我們頻繁的互動，他一再挑戰我的想法，也督促我在科學方面持續進步。

我特別感激當初輔導我的伊莉莎白・菲爾普斯，她不但是位知名科學家，還是個了不起的女性與導師。倘若10多年前的我沒有突然晃進她的辦公室，我還真不敢想像今天的我會是什麼樣子。是她培養我對神經科學的熱忱，我時時刻刻以進行有意義的研究為目標，也是多虧她的教誨。是她介紹我認識雷・多蘭——當今認知神經科學界最權威的科學家之一——雷也對我照顧有加。我必須感謝雷成為對我助益良多的導師，和我密切合作，也感謝他邀我加入倫敦大學學院的惠康基金會神經影像學中心（Wellcome Trust Centre for Neuroimaging）。本書提及的研究，多是我在惠康中心參與的研究；惠康中心是世上獨一無二的研究中心，集結許多最有天分、最有想法的科學家，我實在無法想像比那裡更有活力、研究成果更多的地方了。

當初建議我將關於樂觀的研究寫成一本書的人是理查・凱利（Richard T. Kelly），理查接洽了文學經紀公司泰伯瓊斯（Tibor Jones & Associates）的凱文・康洛伊・史考特（Kevin Conroy Scott），凱文後來成為我的經紀人。我由衷感謝他們兩位發起《正面思考的假象》計畫，並助我完成這本書。另外感謝泰伯瓊斯的蘇菲・蘭伯特（Sophie Lambert）與瑪莉卡・立山德洛（Marika Lysandrou）。我必須特別感謝我在萬神殿

圖書（Pantheon Books）的編輯丹‧弗蘭克（Dan Frank），是他在金融市場崩盤的同時，決定對《正面思考的假象》投注信念；能有丹這麼有想法的編輯是我的福氣，他豐富的業界經驗與優雅的言行舉止都令我信心倍增。也謝謝萬神殿圖書耐心的吉莉安‧維利羅（Jillian Verrillo），以及我在加拿大克諾夫出版（Knopf Canada）的編輯黛安‧馬丁（Diane Martin），謝謝你打從一開始就抱持樂觀心態。

我在本書中提及許多科學家的研究，我也想在此表達對他們的謝意，尤其是對卡爾‧弗里斯頓、丹尼爾‧吉爾伯特、丹尼爾‧卡內曼、愛蓮娜‧馬奎爾、妮基‧克萊頓與羅莉‧桑托斯。也感謝英國國家學術院（British Academy）支持我的研究，並感謝我的合作者們：班納迪托‧德‧馬提諾、亞丁‧杜戴（Yadin Dudai）、默利希歐‧德加多（Mauricio Delgado）與安德魯‧優內利納斯。

最後，非常感謝我生命中其他重要人物，除了其中一位之外，這些人都不是神經科學家：感謝可倫‧薩伯洛‧索雷克（Keren Sarbero Sorek）與瑪雅‧瑪吉（Maya Margi）兩位朋友提供見解與支持。謝謝父親啟發我成為學者，並提供本書第4章的寫作靈感。謝謝母親，我想我對人性抱持濃厚興趣，應該就是遺傳自她。謝謝我的弟弟丹尼，我能處理完所有與這本書相關的非科學文件，都是多虧他的幫助，他明明年紀比我小，卻如同哥哥一般地給我滿滿的愛與關懷。謝謝

我的另一半——喬許‧麥德默特（Josh McDermott）——提出重要的修改建議，確保我不懈怠，並讓我的生命充滿喜悅。

註釋

前言

1. T. Sharot et al., "How Personal Experience Modulates the Neural Circuitry of Memories of September 11," Proceedings of the National Academy of Sciences of the United States of America 104, no. 1 (2007): 389–94.

2. Daniel L. Schacter and Donna Rose Addis, "Constructive Memory: The Ghosts of Past and Future," Nature 445, no. 7123 (2007): 27, doi:10.1038/445027a.

3. Donna Rose Addis, Alana T. Wong, and Daniel L. Schacter, "Remembering the Past and Imagining the Future: Common and Distinct Neural Substrates During Event Construction and Elaboration," Neuropsychologia 45, no. 7 (2007): 1363–77, doi:10.1016/j.neuropsychologia .2006.10.016.

4. T. Sharot et al., "Neural Mechanisms Mediating Optimism Bias," Nature 450, no. 7166 (2007): 102–5.

5. Mariellen Fischer and Harold Leitenberg, "Optimism and Pessimism in Elementary School-Aged Children," Child Development 57, no. 1 (1986): 241–48.

6. Derek M. Isaacowitz, "Correlates of Well-being in Adulthood and Old Age: A Tale of Two Optimisms," Journal of Research in Personality 39, no. 2 (2005): 224–44.

7. Neil D. Weinstein, "Unrealistic Optimism About Susceptibility to Health Problems: Conclusions from a Community-Wide

Sample," Jour- nal of Behavioral Medicine 10, no. 5 (1987): 481–500.

8. Ibid.; N. D. Weinstein, "Unrealistic Optimism About Future Life Events," Journal of Personality and Social Psychology 39, no. 5 (1980): 806–20.

9. Weinstein, "Unrealistic Optimism."

10. Gottfried Wilhelm Leibniz, Essais de Théodicée sur la bonté de Dieu, la liberté de l'homme et l'origine du mal (Paris, 1710).

第1章

1. Documentary TV series Mayday, season 4, episode 9: "Vertigo."

2. David Evans, "Safety: Mode Confusion, Timidity Factors," Avionics Magazine, July 1, 2005, http://www.avionicstoday.com/av/issue/columns/993.html.

3. Ibid.

4. Ibid.

5. Ibid.

6. U.S. Summary Comments on Draft Final Report of Aircraft Accident Flash Airlines Flight 604, Boeing 737-300, SU-ZCF, www.ntsb.gov/events/2006/flashairlines/343220.pdf.

7. Ibid. The Egyptian investigative team did not reach the same conclusions as the U.S. team.

8. "Kennedy Crash Bodies Recovered," BBC News, July 22, 1999.

9. Student Pilot—Flight Training Online, "Disorientation (Vertigo)," http://www.news/bbc.co.uk./1/hi/world/americas/401243.stm.

10. Ibid.; Eric Nolte, "Heart over Mind: The Death of JFK, Jr.," Airline Safety.com.
11. Student Pilot—Flight Training Online, "Disorientation (Vertigo)."
12. "Kennedy Crash Bodies Recovered."
13. U.S. Summary Comments on Draft Final Report.
14. Documentary TV series Mayday.
15. U.S. Summary Comments on Draft Final Report.
16. E. H. Adelson, "Lightness Perception and Lightness Illusions," in The New Cognitive Neurosciences, 2d ed., ed. M. Gazzaniga (Cambridge, MA: MIT Press, 2000), pp. 339–51.
17. P. Thompson, "Margaret Thatcher: A New Illusion," Perception 9 (1980): 483–84.
18. N. Kanwisher, J. McDermott, and M. M. Chun, "The Fusiform Face Area: A Module in Human Extrastriate Cortex Specialized for Face Perception," Journal of Neuroscience 17, no. 11 (1997): 4302–11.
19. Oliver Sacks, The Man Who Mistook His Wife for a Hat (1970; reprint, New York: Picador, 1986).
20. Paul Ekman, Emotions Revealed: Understanding Faces and Feelings(London: Weidenfeld & Nicolson, 2003).
21. See http://sallyssimilies.blogspot.com/2008/02/boy-george-looks-like-margaret-thatcher.html.
22. G. Rhodes et al., "Expertise and Configural Coding in Face Recognition," British Journal of Psychology 80 (1989): 313–31.
23. Ibid.

24. Ikuma Adachi, Dina P. Chou, and Robert R. Hampton, "Thatcher Effect in Monkeys Demonstrates Conservation of Face Perception Across Primates," Current Biology 19, no. 15 (2009): 1270–73, doi:10.1016/ j.cub.2009.05.067.
25. Mark D. Alicke and Olesya Govorun, "The Better-Than-Average Effect," in The Self in Social Judgment, ed. Mark D. Alicke et al. (New York: Psychology Press, 2005), pp. 85–108.
26. O. Swenson, "Are We All Less Risky and More Skillful Than Our Fellow Drivers?" Acta Psychologica 47, no. 2 (1981): 145–46, doi:10.1016/ 0001-6918(81)90005-6.
27. U.S. Summary Comments on Draft Final Report.
28. E. Pronin, D. Y. Lin, and L. Ross, "The Bias Blind Spot: Perceptions of Bias in Self Versus Others," Personality and Social Psychology Bulletin 28(2002): 369–81.
29. From Emily Pronin's presentation at the Project on Law and Mind Sciences (PLMS) Conference, Harvard Law School, March 8, 2008.
30. Dan Collins, "Scalia-Cheney Trip Raises Eyebrows," CBS News, January 17, 2003.
31. Quoted in Dahlia Lithwick, "Sitting Ducks," Slate, February 3, 2004.
32. Emily Pronin and M. B. Kugler, "Valuing Thoughts, Ignoring Behavior: The Introspection Illusion as a Source of the Bias Blind Spot," Journal of Experimental Social Psychology 43 (2006): 565–78.
33. Timothy D. Wilson, Strangers to Ourselves: Discovering the Adaptive Unconscious (Cambridge, MA: Belknap Press, 2002),

pp. 159–82.

34. Petter Johansson et al., "Failure to Detect Mismatches Between Intention and Outcome in a Simple Decision Task," Science 310, no. 5745 (2005): 116–19, doi:10.1126/science.1111709.

35. Ibid.

36. L. Hall and P. Johansson, "Using Choice Blindness to Study Decision Making and Introspection," in A Smorgasbord of Cognitive Science, ed. P. Gärdenfors and A. Wallin (Nora, Sweden: Nya Doxa, 2008), pp. 267–83.

37. Ibid.

38. "How to Make Better Decisions," Horizon, BBC, February 2008.

39. T. D. Wilson and J. W. Schooler, "Thinking Too Much: Introspection Can Reduce the Quality of Preferences and Decisions," Journal of Personality and Social Psychology 60, no. 2 (1991): 181–92.

40. Loran F. Nordgren and Ap Dijksterhuis, "The Devil Is in the Deliberation: Thinking Too Much Reduces Preference Consistency," Journal of Consumer Research: An Interdisciplinary Quarterly 36, no. 1 (2009):39–46.

第2章

1. C. R. Raby et al., "Planning for the Future by Western Scrub-Jays," Nature 445, no. 7130 (2007): 919–21, doi:10.1038/nature05575.

2. Virginia Morell et al. "Nicola Clayton Profile: Nicky and the Jays," Science 315, no. 5815 (2007): 1074–75.

3. Raby et al., "Planning for the Future by Western Scrub-Jays"; Nicola S. Clayton, Timothy J. Bussey, and Anthony Dickinson, "Can Animals Recall the Past and Plan for the Future?" Neuroscience 4, no. 8 (2003): 685–91, doi:10.1038/nrn1180; Sérgio P. C. Correia, Anthony Dickinson, and Nicola S. Clayton, "Western Scrub-Jays Anticipate Future Needs Independently of Their Current Motivational State," Current Biology 17, no. 10 (2007): 856–61, doi:10.1016/j.cub.2007.03.063.

4. Endel Tulving, "Episodic Memory: From Mind to Brain," Annual Review of Psychology 53 (2002): 1–25, doi:10.1146/annurev.psych.53.100901.135114.

5. Doris Bischof-Köhler, "Zur Phylogenese menschlicher Motivation," in Emotion und Reflexivität, ed. Lutz H. Eckensberger et al. (Munich: Urban & Schwarzenberg, 1985), pp. 3–47.

6. Thomas Suddendorf and Michael C. Corballis, "The Evolution of Foresight: What Is Mental Time Travel, and Is It Unique to Humans?" Behavioral and Brain Sciences 30, no. 3 (2007): 313–51, doi:10.1017/ S0140525X07001975; William A. Roberts, "Mental Time Travel: Ani- mals Anticipate the Future," Current Biology 17, no. 11 (2007): R418–20, doi:10.1016/j.cub.2007.04.010.

7. Suddendorf and Corballis, "The Evolution of Foresight."

8. Raby et al., "Planning for the Future by Western Scrub-Jays."

9. Joanna M. Dally, Nathan J. Emery, and Nicola S. Clayton, "Food-Caching Western Scrub-Jays Keep Track of Who Was

Watching When," Science 312, no. 5780 (2006): 1662–65, doi:10.1126/science.1126539.

10. Correia, Dickinson, and Clayton, "Western Scrub-Jays Anticipate Future Needs."

11. Raby et al., "Planning for the Future by Western Scrub-Jays."

12. Morell et al., "Nicola Clayton Profile."

13. L. R. Bird et al., "Spatial Memory for Food Hidden by Rats (Rattus norvegicus) on the Radial Maze: Studies of Memory for Where, What, and When," Journal of Comparative Psychology 117 (2003): 176–87.

14. Thomas R. Zentall, "Mental Time Travel in Animals: A Challenging Question," Behavioral Processes 72, no. 2 (2006): 173–83, doi:10.1016/ j.beproc.2006.01.009.

15. Tammy McKenzie et al., "Can Squirrel Monkeys (Saimiri sciureus) Plan for the Future? Studies of Temporal Myopia in Food Choice," Learning & Behavior 32, no. 4 (2004): 377–90.

16. Katherine Woollett, Hugo J. Spiers, and Eleanor A. Maguire, "Talent in the Taxi: A Model System for Exploring Expertise," Philosophical Trans- actions of the Royal Society of London B: Biological Sciences 364, no. 1522(2009): 1407–16, doi:10.1098/rstb.2008.0288.

17. E. A. Maguire et al., "Navigation-Related Structural Change in the Hippocampi of Taxi Drivers," Proceedings of the National Academy of Sciences of the United States of America 97, no. 8 (2000): 4398–403, doi:10.1073/ pnas.070039597.

18. "Taxi Drivers' Brains 'Grow' on the Job," BBC News, March 14, 2000, http://news.bbc.co.uk/1/hi/677048.stm.

19. Maguire et al., "Navigation-Related Structural Change in the Hippocampi of Taxi Drivers."

20. Ibid.

21. D. W. Lee, L. E. Miyasato, and N. S. Clayton, "Neurobiological Bases of Spatial Learning in the Natural Environment: Neurogenesis and Growth in the Avian and Mammalian Hippocampus," Neuroreport 9, no. 7 (1998): R15–27.

22. J. R. Krebs et al., "Hippocampal Specialization of Food-Storing Birds," Proceedings of the National Academy of Sciences of the United States of America 86, no. 4 (1989): 1388–92.

23. Lee, Miyasato, and Clayton, "Neurobiological Bases of Spatial Learning."

24. T. V. Smulders, A. D. Sasson, and T. J. DeVoogd, "Seasonal Variation in Hippocampal Volume in a Food-Storing Bird, the Black-Capped Chickadee," Journal of Neurobiology 27, no. 1 (1995): 15–25, doi:10.1002/neu.480270103.

25. J. C. Reboreda, N. S. Clayton, and A. Kacelnik, "Species and Sex Differences in Hippocampus Size in Parasitic and Non-Parasitic Cowbirds," Neuroreport 7, no. 2 (1996): 505–8.

26. L. F. Jacobs et al., "Evolution of Spatial Cognition: Sex-Specific Patterns of Spatial Behavior Predict Hippocampal Size," Proceedings of the National Academy of Sciences of the United States of America 87, no. 16 (1990): 6349–52.

27. Tulving, "Episodic Memory."

28. Demis Hassabis et al., "Patients with Hippocampal Amnesia Cannot Imagine New Experiences," Proceedings of the National Academy of Sciences of the United States of America

104, no. 5 (2007): 1726–31, doi: 10.1073/pnas.0610561104.

29. Donna Rose Addis, Alana T. Wong, and Daniel L. Schacter, "Remembering the Past and Imagining the Future: Common and Distinct Neural Substrates During Event Construction and Elaboration," Neuropsychologia 45, no. 7 (2007): 1363–77, doi:10.1016/j.neuropsychologia .2006.10.016.

30. Stephanie M. Matheson, Lucy Asher, and Melissa Bateson, "Larger, Enriched Cages Are Associated with 'Optimistic' Response Biases in Captive European Starlings (Sturnus vulgaris)," Applied Animal Behaviour Science 109 (2008): 374–83.

31. Ajit Varki, "Human Uniqueness and the Denial of Death," Nature 460, no. 7256 (2009): 684, doi:10.1038/460684c.

32. Ibid.

第3章

1. Lyle Spencer, "Walking the Talk," NBA Encyclopedia, Playoff Edition, http://www.nba.com/encyclopedia/coaches/pat_riley_1987-88.html.

2. Jack McCallum, "The Dread R Word," Sports Illustrated, April 18, 1988, http://sportsillustrated.cnn.com/vault/article/magazine/MAG1067216/ 4/index.htm.

3. Ibid.

4. Robert K. Merton, Social Theory and Social Structure, rev. ed. (New York: Free Press, 1968), p. 477.

5. "Berlin's Wonderful Horse: He Can Do Almost Everything but Talk," New York Times, September 4, 1904.

6. Ibid.

7. "Clever Hans' Again: Expert Commission Decides That the Horse Actually Reasons," New York Times, October 2, 1904.

8. Robert Rosenthal and Lenore Jacobson, Pygmalion in the Classroom, rev. ed. (New York: Irvington Publishers, 1992).

9. Susan C. Duncan et al., "Adolescent Alcohol Use Development and Young Adult Outcomes," Drug and Alcohol Dependence 49, no. 1 (1997): 39–48.

10. T. L. Good, "Two Decades of Research on Teacher Expectations: Findings and Future Directions," Journal of Teacher Education (1987): 32–47.

11. Sara L. Bengtsson, Hakwan C. Lau, and Richard E. Passingham, "Motivation to Do Well Enhances Responses to Errors and Self-Monitoring," Cerebral Cortex 19, no. 4 (2009): 797–804.

12. M . R . Cadinu et al., " Why Do Women Underperform Under Stereotype Threat? Evidence for the Role of Negative Thinking," Psychological Science 16, no. 7 (2005): 572–78.

13. C. M. Steele and J. Aronson, "Stereotype Threat and the Intellectual Test Performance of African Americans," Journal of Personality and Social Psychology 69, no. 5 (1995): 797–811.

14. Richard B. Buxton, Introduction to Functional Magnetic Resonance Imaging: Principles and Techniques, 2d ed. (New York: Cambridge University Press, 2009), pp. ix–x.

15. Bengtsson, Lau, and Passingham, "Motivation to Do Well Enhances Responses to Errors and Self-Monitoring."

16. Michael S. Gazzaniga, ed., The New Cognitive Neurosciences, 2d ed. (Cambridge, MA: MIT Press, 1999), pp. 7–22.
17. R. Saxe, S. Carey, and N. Kanwisher, "Understanding Other Minds: Linking Developmental Psychology and Functional Neuroimaging," Annual Review of Psychology 55 (2004): 87–124.
18. Gazzaniga, ed., The New Cognitive Neurosciences.
19. C. S. Carter, M. M. Bostvinick, and J. D. Cohen, "The Contribution of the Anterior Cingulate Cortex to Executive Processes in Cognition," Reviews in the Neurosciences 10, no. 1 (1999): 49–57.
20. Ibid.
21. Jonathon D. Brown and Margaret A. Marshall, "Great Expectations: Optimism and Pessimism in Achievement Settings," in Optimism and Pessimism: Implications for Theory, Research, and Practice, ed. Edward C. Chang (Washington, D.C.: American Psychological Association, 2000), pp. 239–56.
22. Christopher Peterson and Lisa M. Bossio, "Optimism and Physical Well-being," in Chang, ed., Optimism and Pessimism, pp. 126–46.
23. Ibid.
24. Michael F. Scheier, Charles S. Carver, and Michael W. Bridges, "Optimism, Pessimism, and Psychological Well-being," in Chang, ed., Optimism and Pessimism, pp. 189–216.
25. Ibid.
26. Peterson and Bossio, "Optimism and Physical Well-being."

27. Manju Puri and David T. Robinson, "Optimism and Economic Choice," Journal of Financial Economics 86, no. 1 (2007): 71–99.

28. Ibid.

29. Judi Ketteler, "5 Money Rules for Optimists," CBS MoneyWatch .com, August 18, 2010, http://moneywatch.bnet.com/investing/article/ 5-money-rules-for-optimists/457670/.

第4章

1. David Gardner, "Obama Can Save Us! Polls Show Wave of Optimism Sweeping the Nation," Daily Mail, January 17, 2009, http://www .dailymail.co.uk/news/worldnews/article-1119783/ Obama-save-says- America-polls-wave-optimism-sweeping-nation.html.

2. Barack Obama, The Audacity of Hope: Thoughts on Reclaiming the American Dream (New York: Crown, 2006).

3. Gardner, "Obama Can Save Us!"

4. Ibid.

5. Gallup poll, USA Today, January 4 and January 9, 2001.

6. Royal Society of Arts symposium, "Private Optimism vs. Public Despair: What Do Opinion Polls Tell Us?" 馬修・泰勒 (Matthew Taylor) 組織了在2008年11月6日舉辦的討論會，班・佩奇、丹尼爾・芬克爾斯坦（Daniel Finkelstein）、黛博拉・馬丁森、馬修・泰勒與保羅・多倫都在會上發表了演說。本章節主題便是取自該座談會。

7. Barack Obama's inaugural address, January 20, 2009.

8. Barack Obama's victory speech, November 4, 2008.

9. Diana Zlomislic, "New Emotion Dubbed 'Elevation,'" Toronto Star, December 11, 2008.

10. Jennifer A. Silvers and Jonathan Haidt, "Moral Elevation Can Induce Nursing," Emotion 8, no. 2 (2008): 291–95, doi:10.1037/1528-3542.8.2.291.

11. Gregor Domes et al., "Oxytocin Attenuates Amygdala Responses to Emotional Faces Regardless of Valence," Biological Psychiatry 62, no. 10 (2007): 1187–90, doi:10.1016/j.biopsych.2007.03.025.

12. Michael Kosfeld et al., "Oxytocin Increases Trust in Humans," Nature 435, no. 7042 (2005): 673–76, doi:10.1038/nature03701.

13. "Overproduction of Goods, Unequal Distribution of Wealth, High Unemployment, and Massive Poverty," memo from President's Economic Council to President Frankl in Roosevelt , March 10, 1933, http: / / amhist.ist.unomaha.edu.

14. Barack Obama's inaugural address, January 20, 2009.

15. See http://www.kennedy-center.org.

16. Gardner, "Obama Can Save Us!"

17. Gallup poll, USA Today.

18. IpsosMORI2008PoliticalMonitor,http://www.ipsos-mori.com.

19. BBC poll, January 20, 2009, http://www.globescan.com/news_ archives/ bbc-obama.

20. IpsosMORI2008PoliticalMonitor.

21. Ibid.

22. Http://en.wikipedia.org/wiki/List_of_countries_by_intentional_ homicide_rate.

23. T. Sharot, C. Korn, and R. Dolan, "How Optimism Is Maintained in the Face of Reality," forthcoming.
24. Royal Society of Arts symposium .

第5章

1. Ipsos MORI survey, September 2007, http : //www. ipsos-mori. com/ assets/docs/news/ben-page-the-state-were-in-ascl-conference-2010.pdf.
2. A. Dravigne, "The Effect of Live Plants and Window Views of Green Spaces on Employee Perceptions of Job Satisfaction" (master's thesis, Texas State University, San Marcos, 2006).
3. Ipsos MORI survey.
4. Daniel Kahneman et al., "A Survey Method for Characterizing Daily Life Experience: The Day Reconstruction Method," Science 306, no. 5702 (2004): 1776–80, doi:10.1126/ science.1103572.
5. Daniel Gilbert, "Does Fatherhood Make You Happy?" Time, June 11, 2006.
6. Richard E. Lucas et al., "Reexamining Adaptation and the Set Point Model of Happiness: Reactions to Changes in Marital Status," Journal of Personality and Social Psychology 84, no. 3 (2003): 527–39.
7. "Are We Happy Yet?," Pew Research Center, February 13, 2006, http:// pewresearch.org/pubs/301/are-we-happy-yet.
8. Daniel Kahneman et al., "Would You Be Happier If You Were Richer? A Focusing Illusion," Science 312, no. 5782 (2006): 1908–10, doi:10.1126/ science.1129688.

9. R. Layard, Happiness: Lessons from a New Science (London: Penguin, 2005), pp. 41–54.

10. P. Brickman, D. Coates, and R. Janoff-Bulman, "Lottery Winners and Accident Victims: Is Happiness Relative? Journal of Personality and Social Psychology 36, no. 8 (1978): 917–27.

11. E. Diener and R. Biswas-Diener, "Will Money Increase Subjective Well-being?" Social Indicators Research 57 (2002): 119–69.

12. P. Schnall et al., "A Longitudinal Study of Job Strain and Ambulatory Blood Pressure: Results from a Three-Year Follow-up," Psychosomatic Medicine 60 (1998): 697–706.

13. Kahneman et al., "Would You Be Happier If You Were Richer?"

14. Ibid.

15. Paul W. Glimcher, Decisions, Uncertainty, and the Brain: The Science of Neuroeconomics (Cambrid T Press, 2004), pp. 189–91.

16. Kahneman et al., "Would pier If You Were Richer?"

17. A. P. Yonelinas, "Components of Episodic Memory: The Contribution of Recolle ction and Familiarity," Philosophical Transactions of the Royal Society of London B: Biological Sciences 356, no. 1413 (2001): 1363–74, doi:10.1098/rstb.2001.0939.

18. E. A. Phelps and T. Sharot, "How (and Why) Emotion Enhances the Subjective Sense of Recollection," Current Directions in Psychological Science 17, no. 2 (2008): 147–52.

19. Tali Sharot and Andrew P. Yonelinas, "Differential Time-Dependent Effects of Emotion on Recollective Experience and

Memory for Con- textual Information," Cognition 106, no. 1 (2008): 538–47, doi:10.1016/ j.cognition.2007.03.002.

20. F. Fujita and E. Diener, "Life Satisfaction Set Point: Stability and Change," Journal of Personality and Social Psychology 88 (2005): 158–64.

21. E. Diener, M. Diener, and C. Diener, "Factors Predicting the Subjective Well-being of Nations," Journal of Personality and Social Psychology 69 (1995): 851–64; "The World in 2005: The Economist Intelligence Unit's Quality-of-Life Index," http://www.economist.com/media/pdf/quality_ of_life.pdf.

22. M. E. P. Seligman et al., "Positive Psychology Progress: Empirical Validation of Interventions," American Psychologist 60 (2005): 410–21.

23. 2005 data from the European Values Study Group & World Values Survey Association, http://www.wvsevsdb.com.

24. A. Campbell, P. E. Converse, and W. L. Rodgers, The Quality of American Life: Perceptions, Evaluations, and Satisfactions (New York: Russell Sage Foundation, 1976), pp. 135–69.

25. T. Sharot et al., "Neural Mechanisms Mediating Optimism Bias," Nature 450, no. 7166 (2007): 102–5.

26. Ibid.

27. J. M. Williams et al., "The Specificity of Autobiographical Memory and Imageability of the Future," Memory and Cognition 24 (1996): 116–25.

28. W. C. Drevets et al., "Subgenual Prefrontal Cortex Abnormalities in Mood Disorders," Nature 386, no. 6627 (1997): 824–27.

29. L. B. Alloy and L. Y. Abramson, "Judgment of Contingency in Depressed and Nondepressed Students: Sadder but Wiser?" Journal of Experimental Psychology: General 108 (1979): 441–85.

第6章

1. American Psychiatric Association, Diagnostic and Statistical Manual of Mental Disorders, 4th ed. (Washington, D.C.: American Psychiatric Publishing, 1994).
2. P. W. Andrews and J. A. Thomson, Jr., "The Bright Side of Being Blue: Depression as an Adaptation for Analyzing Complex Problems," Psycho- logical Review 116, no. 3 (2009): 620–54.
3. S. Moussavi et al., "Depression, Chronic Diseases, and Decrements in Health: Results from the World Health Surveys," Lancet 370 (2007): 851–58.
4. L. Y. Abramson, M. E. Seligman, and J. D. Teasdale, "Learned Help- lessness in Humans: Critique and Reformulation," Journal of Abnormal Psychology 87, no. 1 (1978): 49–74.
5. M. E. P. Seligman , Learned Optimism : How to Change Your Mind and Your Life (New York: Vintage Books, 2006), pp. 3–16.
6. Christopher Peterson, Steven F. Maier, and Martín E. P. Seligman, Learned Helplessness: A Theory for the Age of Personal Control (New York: Oxford University Press, 1995), pp. 182–223.
7. Martin E. Seligman, Steven F. Maier, and James H. Geer,

"Alleviation of Learned Helplessness in the Dog," Journal of Abnormal Psychology 73, no. 3 (1968): 256–62.

8. Peterson, Maier, and Seligman, Learned Helplessness, pp. 182–223.

9. Ibid.

10. G. M. Buchanan, C. A. R. Gardenswartz, and M. E. P Seligman, "Physical Health Following a Cognitive-Behavioral Intervention," Pre- vention and Treatment 2, no. 10 (1999), http://www.ppc.sas.upenn.edu/ healthbuchanan1999.pdf.

11. M. Olfson and S. C. Marcus, "National Patterns in Antidepressant Med- ication Treatment," Archives of General Psychiatry 66, no. 8 (2009): 848.

12. Catherine J. Harmer, "Serotonin and Emotional Processing: Does It Help Explain Antidepressant Drug Action?" Neuropharmacology 55, no. 6 (2008): 1023–28.

13. A. T. Beck et al., Cognitive Therapy of Depression (New York: Guilford Press, 1979), pp. 117–66.

14. Harmer, "Serotonin and Emotional Processing."

15. A. Caspi et al., "Influence of Life Stress on Depression: Moderation by a Polymorphism in the 5-HTT Gene," Science 301, no. 5631 (2003): 386.

16. Ibid.

17. D. L. Murphy et al., "Genetic Perspectives on the Serotonin Trans- porter," Brain Research Bulletin 56, no. 5 (2001): 487–94.

18. A. R. Hariri et al., "Serotonin Transporter Genetic Variation and the Response of the Human Amygdala," Science 297, no.

5580 (2002): 400; A. Heinz et al., "Amygdala-Prefrontal Coupling Depends on a Genetic Variation of the Serotonin Transporter," Nature Neuroscience 8, no. 1 (2004): 20–21; T. Canli et al., "Beyond Affect: A Role for Genetic Varia- tion of the Serotonin Transporter in Neural Activation During a Cognitive Attention Task," Proceedings of the National Academy of Sciences of the United States of America 102, no. 34 (2005): 12224.

19. L. Pezawas et al., "5-HTTLPR Polymorphism Impacts Human Cingulate-Amygdala Interactions: A Genetic Susceptibility Mechanism for Depression," Nature Neuroscience 8, no. 6 (2005): 828–34.

20. H. S. Mayberg et al., "Deep Brain Stimulation for Treatment-Resistant Depression," Neuron 45, no. 5 (2005): 651–60.

21. "Gene-Environment Interactions—Seminal Studies (4 of 7)," http:// www.youtube.com/watch?v=vLDvhWF3qis&feature=yo utube_gdata.

22. Ibid.

23. Ibid.

24. T. Sharot et al., "Neural Mechanisms Mediating Optimism Bias," Nature 450, no. 7166 (2007): 102–5.

25. Ibid.

26. J. E. De Neve et al., "Genes, Economics, and Happiness," SSRN eLibrary (February 2010), CES working paper, series no. 2946.

27. G. Tang, unpublished data.

28. E. Fox, A. Ridgewell, and C. Ashwin, "Looking on the Bright

Side: Biased Attention and the Human Serotonin Transporter Gene," Proceed- ings of the Royal Society B: Biological Sciences 276, no. 1663 (2009): 1747.

第7章

1. "Guinness Comes to Those Who've Waited," http://www. prnewswire.co.uk/cgi/news/release?id=21223.
2. "How to Pour the Perfect Guinness," http://www.esquire.com/ the-side/ opinion/guinness031207.
3. "Guinness," http://en.wikipedia.org/wiki/Guinness#Pouring_ and_serving.
4. "Guinness Comes to Those Who've Waited."
5. G. Loewenstein, "Anticipation and the Valuation of Delayed Consumption," Economic Journal 97 (1987), 666–84.
6. M. L. Farber, "Time Perspective and Feeling Tone: A Study in the Perception of Days," Journal of Psychology 35 (1953): 253–57.
7. Loewenstein, "Anticipation and the Valuation of Delayed Consumption."
8. Gregory S. Berns et al., "Neurobiological Substrates of Dread," Science 312, no. 5774 (2006): 754–58, doi:10.1126/ science.1123721.
9. P. C. Fishburn, Utility Theory for Decision-Making (New York: Wiley, 1970).
10. S. V. Kasl, S. Gore, and S. Cobb, "The Experience of Losing a Job: Reported Changes in Health, Symptoms and Illness Behavior," Psycho- somatic Medicine 37, no. 2 (1975): 106–22.

11. Berns et al., "Neurobiological Substrates of Dread."
12. Tali Sharot, Benedetto De Martino, and Raymond J. Dolan, "How Choice Reveals and Shapes Expected Hedonic Outcome," Journal of Neuroscience 29, no. 12 (2009): 3760–65, doi:10.1523/JNEUROSCI .4972-08.2009.
13. George Loewenstein, Choice over Time (New York: Russell Sage Foundation Publications, 1992).
14. Tali Sharot et al., "Neural Mechanisms Mediating Optimism Bias," Nature 450, no. 7166 (2007): 102–5, doi:10.1038/nature06280.
15. Joseph W. Kable and Paul W. Glimcher, "The Neural Correlates of Subjective Value During Intertemporal Choice," Nature Neuroscience 10, no. 12 (2007): 1625–33, doi:10.1038/nn2007.
16. P. H. Roelofsma, "Modelling Intertemporal Choices: An Anomaly Approach," Acta Psychologica 93 (1996): 5–22.
17. M. Berndsen and J. van der Pligt, "Time Is on My Side: Optimism in Intertemporal Choice," Acta Psychologica 108, no. 2 (2001): 173–86.
18. Hal Ersner-Hershfield, G. Elliott Wimmer, and Brian Knutson, "Saving for the Future Self: Neural Measures of Future Self-Continuity Predict Temporal Discounting," Social Cognitive and Affective Neuroscience 4, no. 1 (2009): 85–92, doi:10.1093/scan/nsn042.
19. Timothy L. O'Brien, "What Happened to the Fortune Michael Jackson Made?" New York Times, May 14, 2006.
20. "U.S. Savings Rate Hits Lowest Level Since 1933," http://www.msnbc .msn.com./id/11098797/ns/business-eye_on_the_

economy.

21. O'Brien, "What Happened to the Fortune Michael Jackson Made?"

22. "U.S. Savings Rate Hits Lowest Level Since 1933."

23. Ibid.

24. Richard H. Thaler and Cass R. Sunstein, Nudge: Improving Decisions About Health, Wealth, and Happiness, rev. ed. (New York: Penguin, 2009), pp. 105–19.

25. Lisa Marie Presley's MySpace blog, http://blogs.myspace.com.

第8章

1. J. W. Brehm, "Post-Decision Changes in the Desirability of Choice Alternatives," Journal of Abnormal and Social Psychology 52 (1956): 384–89.

2. L. C. Egan, L. R. Santos, and P. Bloom, "The Origins of Cognitive Dis- sonance: Evidence from Children and Monkeys," Psychological Science 11 (2007): 978–83.

3. M. D. Lieberman et al., "Do Amnesics Exhibit Cognitive Dissonance Reduction? The Role of Explicit Memory and Attention in Attitude Change," Psychological Science 2 (2001): 135–40.

4. T. Sharot, B. De Martino, and R. J. Dolan, "How Choice Reveals and Shapes Expected Hedonic Reaction, Journal of Neuroscience 29, no. 12 (2009): 3760–65, doi:10.1523/JNEUROSCI.4972-08.2009.

5. M. R. Delgado, "Reward-Related Responses in the Human Striatum," Annals of the New York Academy of Sciences 1104

(2007): 70–88.

6. Louisa Egan, Paul Bloom, and Laurie R. Santos, "Choice-Induced Preferences in the Absence of Choice: Evidence from a Blind Two Choice Paradigm with Young Children and Capuchin Monkeys," Journal of Experimental Social Psychology 46 (2010): 204–7.

7. T. Sharot, C. M. Velasquez, and R. Dolan, "Do Decisions Shape Preference? Evidence from Blind Choice," Psychological Science 21 (2010): 9209–15.

8. "Choosing the Same Partner Over and Over Again: Commitment in a Healthy Marriage," http://www.meridianmagazine.com/LdsMarriageNetwork/060714same.html.

9. Leon Festinger, Conflict, Decision and Dissonance (Palo Alto, CA: Stanford University Press, 1964).

10. D. J. Bem, "Self-Perception: An Alternative Interpretation of Cognitive Dissonance Phenomena," Psychological Review 74 (1967): 183–200.

11. J. Cooper, M. P. Zanna, and P. A. Taves, "Arousal as a Necessary Condition for Attitude Change Following Induced Compliance," Journal of Personality and Social Psychology 36, no. 10 (1978): 1101–6.

12. T. Sharot et al., "Dopamine Enhances Expectation of Pleasure in Humans," Current Biology 19, no. 24 (2009): 2077–80, doi:10.1016/ j.cub.2009.10.025.

第9章

1. Jim Bishop, The Day Lincoln Was Shot (New York: Gramercy, 1984).

2. F. Colgrove, "Individual Memories," American Psychologist 10 (1899):228–55.

3. R. Brown and J. Kulick, "Flashbulb Memories," Cognition 5 (1977):73–99.

4. U. Neisser and N. Harsch, "Phantom Flashbulbs," in Affect and Accuracy in Recall: Studies of "Flashbulb" Memories, ed. E. Winograd and U. Neisser (New York: Cambridge University Press, 1992), pp. 9–32.

5. William James, The Principles of Psychology, vol. 1 (New York: Henry Holt, 1890), p. 670.

6. J. M. Talarico and D. C. Rubin, "Confidence, Not Consistency, Characterizes Flashbulb Memories," Psychological Science 14 (2003): 455–61.

7. T. Sharot et al., "How Personal Experience Modulates the Neural Circuitry of Memories of September 11," Proceedings of the National Academy of Sciences of the United States of America 104, no. 1 (2007): 389–94.

8. "Introduction: One Year Later: New Yorkers More Troubled, Washingtonians More on Edge," http://people-press.org/report/160/.

9. H. Klüver and P. C. Bucy, "Preliminary Analysis of Functions of the Temporal Lobes in Monkeys," Archives of Neurology and Psychiatry 42(1939): 979–1000.

10. L. Weiskrantz, "Behavioral Changes Associated with Ablation

of the Amygdaloid Complex in Monkeys," Journal of Comparative and Physiological Psychology 4 (1956): 381–91.

11. Joseph LeDoux, The Emotional Brain: The Mysterious Underpinnings of Emotional Life (London: Phoenix, 1999).

12. Ibid.

13. The example in this context was posted by Ed Yong in "9/11 Memories Reveal How 'Flashbulb Memories' Are Made in the Brain," http:// notexactlyrocketscience.wordpress. com/2007/02/25/911-memories -reveal-how-flashbulb-memories-are-made-in-the-brain/.

第10章

1. Lance Armstrong and Sally Jenkins, It's Not About the Bike: My Journey Back to Life (New York: Berkley Books, 2001), p. 259.

2. P. Brickman, D. Coates, and R. Janoff-Bulman, "Lottery Winners and Accident Victims: Is Happiness Relative?" Journal of Personality and Social Psychology 36 (1978): 917–27.

3. Peter A. Ubel, George Loewenstein, and Christopher Jepson, "Disability and Sunshine: Can Hedonic Predictions Be Improved by Drawing Attention to Focusing Illusions or Emotional Adaptation?" Journal of Experimental Psychology: Applied 11, no. 2 (2005): 111–23.

4. Ibid.

5. "The Big Interview: Matt Hampson," Sunday Times (London), March 12, 2006.

6. T. D. Wilson et al., "When to Fire: Anticipatory Versus Postevent

Reconstrual of Uncontrollable Events," Personality and Social Psychology Bulletin 30 (2004): 340–51.

7. T. Sharot, T. Shiner, and R. Dolan, "Experience and Choice Shape Expected Aversive Outcomes," Journal of Neuroscience 30, no. 27: 9209–15.

8. Elizabeth A. Phelps and Joseph E. LeDoux, "Contributions of the Amygdala to Emotion Processing: From Animal Models to Human Behavior," Neuron 48, no. 2 (2005): 175–87, doi:10.1016/j.neuron.2005.09.025.

9. M. A. Changizi and W. G. Hall, "Thirst Modulates a Perception," Perception 30 (2001): 1489–97.

10. E. Balcetis and D. Dunning, "Cognitive Dissonance and the Perception of Natural Environments," Psychological Science 10 (2007): 917–21.

11. Leon Festinger, Henry W. Riecken, and Stanley Schachter, When Prophecy Fails (New York: HarperPerennial, 1964).

第11章

1. Leopold Trepper, Great Game: Story of the Red Orchestra (London: Sphere, 1979).

2. R. J. Overy, The Dictators: Hitler's Germany and Stalin's Russia (New York: W. W. Norton, 2004), pp. 83–90.

3. Trepper,GreatGame.

4. Ibid.

5. Ibid.

6. Ibid.

7. Statistic from the American Cancer Society, http://www.cancer.

org.

8. N. D. Weinstein, "Unrealistic Optimism About Future Life Events," Journal of Personality and Social Psychology 39, no. 5 (1980): 806–20.

9. L. Baker and R. Emery, "When Every Relationship Is Above Average: Perceptions and Expectations of Divorce at the Time of Marriage," Law and Human Behavior 17 (1993): 439–50.

10. Neil D. Weinstein, "Unrealistic Optimism About Susceptibility to Health Problems: Conclusions from a Community-wide Sample," Journal of Behavioral Medicine 10, no. 5 (1987): 481–500.

11. Overy, The Dictators, pp. 483–99.

12. Gabriel Gorodetsky, Grand Delusion: Stalin and the German Invasion of Russia (New Haven, CT: Yale University Press, 2001), pp. 67–86.

13. Edward E. Ericson, Feeding the German Eagle: Soviet Economic Aid to Nazi Germany, 1933–1941 (Westport, CT: Greenwood, 1999), p. 162.

14. Richard S. Sutton and Andrew G. Barto, Reinforcement Learning: An Introduction (Cambridge, MA: MIT Press, 1998).

15. David Dunning, Chip Heath, and Jerry M. Suls, "Flawed Self-Assessment: Implications for Health, Education, and the Workplace," Psychological Science in the Public Interest 5, no. 3 (2004): 69–106.

16. R. Schulz et al., "Pessimism, Age, and Cancer Mortality," Psychology and Aging 11, no. 2 (1996): 304–9.

17. M. F. Scheier et al., "Dispositional Optimism and Recovery

from Coronary Artery Bypass Surgery: The Beneficial Effects on Physical and Psychological Wellbeing," Journal of Personality and Social Psychology 57, no. 6 (1989): 1024–40.

18. Manju Puri and David T. Robinson, "Optimism and Economic Choice," Journal of Financial Economics 86, no. 1 (2007): 71–99.

19. Thomas Gilovich, Dale Griffin, and Daniel Kahneman, Heuristics and Biases: The Psychology of Intuitive Judgment (New York: Cambridge University Press, 2002), pp. 250–70.

20. Peter Jones, Ove Arup: Masterbuilder of the Twentieth Century (New Haven, CT: Yale University Press, 2006), p. 214.

21. Peter Murray, The Saga of Sydney Opera House: The Dramatic Story of the Design and Construction of the Icon of Modern Australia (London: Rout- ledge, 2003), pp. 56–70.

22. Her Majesty's Treasury, Green Book, http://www.hm-treasury. gov.uk/ data_greenbook_index.htm.

23. Hersh Shefrin, "How Psychological Pitfalls Generated the Global Financial Crisis," http://ssrn.com/abstract-1523931; Peter Ubel, "Human Nature and the Financial Crisis," Forbes, February 22, 2009.

後記

1. N. D. Weinstein, "Unrealistic Optimism About Future Life Events," Journal of Personality and Social Psychology 39, no. 5 (1980): 806–20; Neil D. Weinstein, "Unrealistic Optimism About Susceptibility to Health Problems: Conclusions from a Community-wide Sample," Journal of Behavioral Medicine 10,

no. 5 (1987): 481–500.

2. E. Pronin, D. Y. Lin, and L. Ross, "The Bias Blind Spot: Perceptions of Bias in Self Versus Others," Personality and Social Psychology Bulletin 28 (2002): 369–81.

3. T. Sharot et al., "Neural Mechanisms Mediating Optimism Bias," Nature 450, no. 7166 (2007): 102–5, doi:10.1038/nature06280.

4. Manju Puri and David T. Robinson, "Optimism and Economic Choice," Journal of Financial Economics 86, no. 1 (2007): 71–99; Edward C. Chang, ed., Optimism and Pessimism: Implications for Theory, Research, and Practice (Washington, D.C.: American Psychological Association, 2000).

5. Michael S. Gazzaniga, ed., The New Cognitive Neurosciences, 2d ed. (Cambridge, MA: MIT Press, 1999).

6. Elizabeth A. Phelps and Joseph E. LeDoux, "Contributions of the Amygdala to Emotion Processing: From Animal Models to Human Behavior," Neuron 48, no. 2 (2005): 175–87, doi:10.1016/j.neuron.2005.09.025.

7. E. Tulving and H. J. Markowitsch, "Episodic and Declarative Memory: Role of the Hippocampus," Hippocampus 8, no. 3 (1998): 198–220.

8. M. R. Delgado, "Reward-Related Responses in the Human Striatum," Annals of the New York Academy of Sciences 1104 (2007): 70–88.

9. K. Friston, "The Prophetic Brain," Seed, January 27, 2009, http:// seedmagazine.com/content/article/the_prophetic_brain/ P1.

10. Pronin, Lin, and Ross, "The Bias Blind Spot."

11. Daniel Gilbert, Stumbling on Happiness (New York: Vintage, 2007).

12. T. Sharot, T. Shiner and R. Dolan, "Experience and Choice Shape Expected Aversive Outcomes," Journal of Neuroscience 30, no. 27 (2010): 9209–15.

13. Friston, "The Prophetic Brain."

14. Ibid.

15. Mark Heisler, The Lives of Riley (New York: Macmillan, 1994).

16. "The Big Interview: Matt Hampson," Sunday Times (London), March 12, 2006.

17. Chang, ed., Optimism and Pessimism.

18. Weinstein, "Unrealistic Optimism About Susceptibility to Health Problems."

19. E. Fox, A. Ridgewell, and C. Ashwin, "Looking on the Bright Side: Biased Attention and the Human Serotonin Transporter Gene," Proceedings of the Royal Society B: Biological Sciences 276, no. 1663 (2009): 1747–51.

20. Peter Ubel, "Human Nature and the Financial Crisis," Forbes, Febru- ary 22, 2009.

WIDE 06

正面思考的假象
樂觀偏誤如何讓我們過得更好，卻又自取滅亡？

The Optimism Bias: A Tour of the Irrationally Positive Brain

作　　者　塔莉·沙羅特（Tali Sharot）
譯　　者　朱崇旻
責任編輯　李韻
執行編輯　鍾瑩貞
副總編輯　許訓彰
行銷經理　胡弘一
企畫主任　朱安棋
行銷企畫　林律涵
封面設計　朱疋
內文排版　家思編輯排版工作室

出 版 者　今周刊出版社股份有限公司
發 行 人　梁永煌
社　　長　謝春滿
副 總 監　陳姵蒨

地　　址　台北市中山區南京東路一段 96 號 8 樓
電　　話　886-2-2581-6196
傳　　真　886-2-2531-6438
讀者專線　886-2-2581-6196 轉 1
劃撥帳號　19865054
戶　　名　今周刊出版社股份有限公司
網　　址　http://www.businesstoday.com.tw

總 經 銷　大和書報股份有限公司
製版印刷　緯峰印刷股份有限公司
初版一刷　2022 年 6 月
初版二刷　2022 年 11 月
定　　價　360 元

國家圖書館出版品預行編目（CIP）資料

正面思考的假象：樂觀偏誤如何讓我們過得更好，卻又自取滅亡？
/ 塔莉·沙羅特（Tali Sharot）作. -- 初版. -- 臺北市：今周刊出版社
股份有限公司, 2022.07
336面；14.8×21公分. --（WIDE；06）
譯自：The optimism bias : a tour of the irrationally positive brain.
ISBN 978-626-7014-55-4（平裝）
1. CST: 生理心理學　2. CST: 樂觀

172.1　　　　　　　　　　　　　　　　　　　　　111005544

Wide

Wide

Wide

Wide